KB115444

국어어휘
890

강승임, 이서영 지음

소울에듀
soul education

내용을 이해하는 배경 어휘와 국어 지식을 이해하는 개념어를 한 번에!
중학생 어휘 공부, 한 권으로 끝내자!

★ 왜 어휘도 공부해야 하나요?

국어는 우리말이기에 앞서 언어입니다. 언어 능력의 기본은 어휘력이고요. 그런데 국어는 일상적으로 사용하기 때문에 이 점을 간과하고 국어 지식만 있으면 된다는 착각에 빠집니다. 그러다 수능시험을 볼 때쯤 어휘 부족을 절감하며 그 동안 어휘 학습에 소홀했던 점을 후회하게 되지요.

★ 어떻게 어휘 공부를 하면 되나요?

어휘 학습은 평소 다양한 책읽기와 풍부한 대화를 통해 자연스럽게 이루어지는 것이 보통입니다. 하지만 책을 잘 읽지 않거나 읽어도 편독을 하는 학생들이 많고 대화를 나눌 때도 늘 쓰던 말만 사용하면 어휘력이 늘지 않겠지요. 무엇보다 국어는 문학과 비문학이 섞여 있어서 어느 과목보다 광범위한 어휘가 사용되고 개념어도 아주 많습니다. 그래서 따로 시간을 내어 어휘 학습을 해야 합니다. 국어 공부에 적합한 좋은 어휘 책을 골라 집중적으로 학습해야지요.

★ 이 책은 어휘 학습에 어떤 장점이 있나요?

이 책은 국어 공부를 위한 어휘 책입니다. 그런데 사전처럼 설명만 나열하거나 문제집처럼 문제만 있는 것이 아니라 이 두 가지를 합하여 뜻을 먼저 살핀 다음 문제를 풀면서 그것을 익히고 활용하도록 구성하였습니다. 그리고 혼자서 무리하지 않게 꾸준히 할 수 있도록 하루 분량을 정해 놓았지요. 게다가 중학교 전학년 국어 교과서에 있는, 내용을 이해하는 배경 어휘와 국어 지식을 이해하는 개념어를 모두 포함하였습니다. 그래서 이 책으로 30일 동안 매일 꾸준히 공부한다면 눈에 띄게 어휘 실력이 늘어날 것입니다.

강승임, 이서영

노출과 반복으로 어휘에 익숙해지기!

1. 어휘 Pick

학습할 어휘를 한 자 한 자 찬찬히 들여다보며 소리 내어
읽기.

2. 어휘사전

뜻풀이를 먼저 읽고 자음 힌트를 참고하여 해당하는 어휘를
찾아 쓰고, 뜻 익히기.

3. 어휘확인

예시문에 알맞은 어휘를 찾아 쓰면서 어휘의 의미와 쓰임
이해하기.

4. 어휘활용

학습한 어휘를 내 것으로 만들기 위해 폭넓은 상황에 적용
및 활용하기.

PART

01

내용을 이해하는
배경 어휘

Day 1

명사 1(가망~길쌈)

견제, 결함, 가세, 가망, 감사, 거동, 고랑, 길쌈, 가장(假裝), 감응(感應), 계기, 국적, 검증, 군림, 경이, 교원, 경건, 기력, 구천(九泉), 공동체, 고약, 거목, 관용, 가업, 각설, 관점, 권태, 궤짝, 고전(苦戰), 공문서, 광명, 광채, 권식, 공백, 거주, 급살, 구속, 격정, 개선장군, 게릴라

어휘 Pick

 뜻풀이를 읽고 그에 해당하는 낱말을 찾아 쓰세요.

ㄱㅁ	무엇이 될 만하거나 가능성이 있는 희망.
ㄱㅅ	집안의 운수나 살림살이의 형편.
ㄱㅇ	대대로 물려받는 집안의 생업.
ㄱㅈ	태도를 거짓으로 꾸미거나 얼굴이나 몸을 알아보지 못하게 바꾸어 꾸밈.
ㄱㅅ	말이나 글에서 이제까지 다루던 내용을 그만 두고 이야기를 다른 쪽으로 돌릴 때 첫 머리에 쓰는 말.
ㄱㅅ	잘 살펴 조사함.
ㄱㅇ	어떤 느낌을 받아 마음이 따라 움직임. 신에게 비는 마음이 통함.
ㄱㅅㅈㄱ	적과의 싸움에서 이기고 돌아온 장군. 어떤 일에 성공하여 의기양양한 사람을 비유함.
ㄱㄷ	몸을 움직임.

ㄱ ㅁ	굵고 큰 나무. 큰 인물을 비유함.
ㄱ ㅈ	일정한 곳에 머물러 삶.
ㄱ ㅈ	검사하여 증명함. 어떤 명제의 참, 거짓을 사실에 비추어 검사함.
ㄱ ㄹ ㄹ	적이 알아차리지 못하게 기습, 교란 활동을 하는 부대. 유격대.
ㄱ ㅊ	강렬하고 갑작스러워 누르기 어려운 감정.
ㄱ ㅈ	상대편이 지나치게 세력을 펴거나 자유롭게 행동하지 못하도록 억누름.
ㄱ ㄱ	공경하고 삼가고 엄숙함.
ㄱ ㅇ	놀랍고 신기하게 여김.
ㄱ ㅎ	부족하거나 완전하지 못해 흠이 되는 부분.
ㄱ ㄱ	어떤 일이 일어나도록 만드는 결정적인 원인.
ㄱ ㄹ	두텁게 쌓은 땅(이랑)과 땅 사이에 길고 좁게 들어간 곳.
ㄱ ㅇ	곪은 데 붙이는 끈끈한 약.
ㄱ ㅈ	몹시 힘들고 어렵게 싸움.
ㄱ ㄷ ㅊ	하나의 목표 아래 생활이나 행동을 같이하는 집단.
ㄱ ㅁ ㅅ	공공기관이나 단체에서 공식으로 작성한 서류.
ㄱ ㅂ	아무것도 없이 빈 곳.
ㄱ ㅈ	사물이나 현상을 관찰할 때, 그것을 보고 생각하는 태도나 방향.

ㄱ ㅁ	밝고 환함.
ㄱ ㅊ	아름답고 찬란한 빛.
ㄱ ㅇ	학교에서 학생을 가르치는 사람.
ㄱ ㅅ	행동이나 생각의 자유를 제한하거나 하지 못하도록 함.
ㄱ ㅊ	땅속 깊은 밑바닥. 죽은 뒤에 넋이 돌아가는 곳을 비유함.
ㄱ ㅈ	한 나라의 구성원이 되는 자격.
ㄱ ㄹ	왕으로서 나라를 다스림. 어떤 분야에서 절대적인 힘으로 남을 압도함.
ㄱ ㅇ	남의 잘못을 너그럽게 받아들이거나 용서함.
ㄱ ㅅ	한집에 사는 식구.
ㄱ ㅌ	어떤 일에 더이상 기운이 나지 않아 생기는 게으름이나 싫증.
ㄱ ㅉ	궤. 물건을 넣도록 나무로 상자처럼 만든 그릇.
ㄱ ㅅ	갑자기 닥쳐오는 재앙과 불운.
ㄱ ㄹ	사람의 몸으로 활동할 수 있는 정신과 신체의 힘.
ㄱ ㅆ	실을 내어 옷감을 짜는 모든 일.

어휘확인

문장의 빈칸에 적절한 낱말을 찾아 쓰세요.

견제 결함 가세 가망 감사 거동 고랑 길쌈 가장(假裝) 감응(感應)

① 농부는 밭 사이로 (　　　　　)을 내어 물이 가도록 하였다.

② 예전에는 여성들이 (　　　　　)을 하여 옷을 지어 입었다.

③ 독재 국가에서는 권력의 (　　　　　) 기능이 떨어져 부패가 만연하다.

④ 성격적 (　　　　　)이 있는 사람은 친구를 제대로 사귀기 어렵다.

⑤ 그는 형사로 (　　　　　)하여 나에게 접근하였다.

⑥ 아버지의 사업이 망하는 바람에 (　　　　　)가 기울었다.

⑦ 의사는 그가 암 말기여서 살 (　　　　　)이 없다고 말했다.

⑧ 아이의 간절한 기도에 하늘도 (　　　　　)하였나 보다.

⑨ 다음주부터 학교 운영에 관한 (　　　　　)를 실시한다.

⑩ 그녀는 (　　　　　)이 불편한 할머니를 지극정성으로 보살폈다.

계기 국적 검증 군림 경이 교원 경건 기력 구천(九泉) 공동체

⑪ 가정은 사회를 이루는 가장 작은 (　　　　　)이다.

⑫ 월드컵을 (　　　　　)로 축구에 대한 관심이 높아졌다.

⑬ 제 목숨을 살려주신 은혜, (　　　　　)에 가서도 잊지 않겠습니다.

⑭ 그들이 먹은 음식은 이전까지는 한 번도 본 적 없는 (　　　　　) 불명의 음식이었다.

⑮ 그녀는 푹 주저앉아버린 집을 보고는 살아갈 (　　　　　)을 잃었다.

⑯ 지동설은 오랫동안 (　　　　　) 과정을 거치면서 수정되고 보완되었다.

⑰ 선열들의 무덤 앞에서 (　　　　　)한 자세로 묵념을 올렸다.

⑱ 어떤 명분으로든 특정인이 만백성 위에 (　　　　　)하는 것은 바람직하지 않다.

⑲ 아버지는 충주에 있는 한 초등학교에서 첫 (　　　　　) 생활을 시작하였다.

⑳ 그는 사막 한가운데 웅장하게 서 있는 피라미드를 (　　　　　)에 찬 눈빛으로 바라보았다.

고약 거목 관용 가업 각설 관점 권태 궤짝 고전(苦戰) 공문서

㉑ (   ) 위조는 법죄 행위에 해당한다.

㉒ 요 아래 새로 생긴 대형 마트 때문에 근처 가게들이 (   )을 겪고 있다.

㉓ 약방 할아버지가 팔에 난 종기에 (   )을 붙여 주셨다.

㉔ 그녀는 할머니의 유품을 조심스레 (   ) 속에 넣고 뚜껑을 닫았다.

㉕ 반복되는 일상의 (   )에서 벗어나 색다른 경험을 하고 싶었다.

㉖ 그의 마음속에 아버지는 언제나 우람한 (   )으로 자리잡고 있었다.

㉗ 한 가지 현상을 다양한 (   )에서 보려는 노력이 필요하다.

㉘ (   )하고, 이제부터 제 계획을 들어보시죠.

㉙ 종교는 대개 적에 대한 (   )을 가르친다.

㉚ 나는 할머니의 (   )을 이어받아 냉면가게를 계속 운영하기로 했다.

광명 광채 권식 공백 거주 급살 구속 격정 개선장군 게릴라

㉛ 일제 강점에서 벗어나면서 우리 민족은 (   )을 되찾았다.

㉜ 그의 가족은 마을에 잠입해 있던 (   )들에게 몰살을 당했다.

㉝ 달리기 경주에서 뜻밖에 우승을 거둔 민수는 (   )처럼 의기양양하였다.

㉞ 떠오르는 태양을 마주한 시인의 눈에 (   )가 돌았다.

㉟ 그는 (   )을 가누지 못해 몸부림쳤다.

㊱ 김씨 가문에 (   )이 하나 붙었다.

㊲ 한 사회의 질서를 유지하기 위해서는 사회적 (   )이 필요하다.

㊳ 그렇게 나쁜 짓을 하다니, (   )이나 맞아라.

㊴ 너의 계획에는 여러 가지 (   )이 발견된다.

㊵ 현재 (   ) 중인 아파트를 팔 생각이다.

♣ 다음 밑줄 친 낱말 사용이 적절한지 판단해 보세요.

① 작은 일에도 참지 못하는 걸 보니 <u>거목</u>임에 틀림없어. ➡ _____

② <u>개선장군</u>이 되어 돌아가느니 차라리 여기서 싸우다 죽겠다. ➡ _____

♣ 다음 대화의 빈칸에 적절한 낱말을 넣어 보세요.

③ 우리 반 반장 말이야. 꼭 독재자 같지 않아?

　　맞아. 왕처럼 (　　　　　　)하려는 꼴이 정말 못 봐주겠어.

　　아무런 (　　　　　) 장치가 없으니까 더 그러는 것 같아.

④ 왜 그렇게 힘이 없어?

　　몰라. 요새 뭘 해도 피곤하고 (　　　　　)로워.

　　시험 공부하느라 (　　　　　)이 다 빠져 버린 거 아냐?

♣ 다음 낱말들 중 두 개 이상 활용하여 대화문을 만들어 보세요.

⑤

　　경건, 경이, 감응, 관용, 고전(苦戰), 광채

Day 2 명사 2(날품팔이~방한용)

낭패, 도리, 노고, 노기, 노천, 명분, 무렴, 덩저리, 대강이, 날품팔이, 농성, 도래, 발령, 동리, 논란, 동심, 뇌성, 방한용, 대거리, 반백(半白), 눈잼, 단박, 두메, 두엄, 목례, 뒤주, 매사, 넋두리, 무심결, 무상(無常), 맥줄, 면두, 명맥, 박탈, 단매, 반출, 단절, 무용담, 눈시울, 노적가리

어휘 Pick

어휘사전

뜻풀이를 읽고 그에 해당하는 낱말을 찾아 쓰세요.

ㄴ ㅍ ㅍ ㅇ	그날그날의 품삯을 받고 일하는 것.
ㄴ ㅍ	계획한 일이 실패로 돌아가거나 기대에 어긋나 매우 딱하게 됨.
ㄴ ㄷ ㄹ	불만을 실게 늘어놓으며 하소연하는 말.
ㄴ ㄱ	힘들여 수고하고 애씀.
ㄴ ㄱ	몹시 노엽거나 기분이 언짢은 기색.
ㄴ ㅈ ㄱ ㄹ	한 곳에 수북이 쌓아 둔 곡식 더미.
ㄴ ㅊ	길거리나 골목처럼 건물 밖에 아무것도 덮거나 가리지 않은 곳. 한데.
ㄴ ㄹ	여럿이 서로 다른 주장을 내며 다툼.
ㄴ ㅅ	어떤 목적을 이루기 위하여 한자리를 떠나지 않고 시위함.
ㄴ ㅅ	천둥소리.

ㄴ ㅅ ㅇ	눈언저리의 속눈썹이 난 곳.
ㄴ ㅈ	눈으로 대충 헤아려 보는 짐작. 눈짐작.
ㄷ ㅁ	단 한 번 때리는 매.
ㄷ ㅂ	그 자리에서 바로.
ㄷ ㅈ	유대나 연관 관계를 끊음.
ㄷ ㄱ ㅇ	머리를 속되게 이르는 말.
ㄷ ㄱ ㄹ	상대편에 맞서서 대드는 말이나 행동.
ㄷ ㅈ ㄹ	몸집을 낮잡아 이르는 말.
ㄷ ㄹ	외부에서 전해져 들어옴. 물을 건너옴.
ㄷ ㄹ	사람이 각 상황마다 마땅히 행해야 할 바른길.
ㄷ ㄹ	마을.
ㄷ ㅅ	어린아이의 마음.
ㄷ ㅁ	도회에서 멀리 떨어져 사람이 많이 살지 않는 깊은 곳.
ㄷ ㅇ	풀, 짚, 가축의 배설물 등을 썩힌 거름.
ㄷ ㅈ	곡식을 담아 두는 살림 도구. 나무로 궤짝같이 만듦.
ㅁ ㅅ	하나하나 모든 일.
ㅁ ㅈ	맥이 뻗어 있는 줄기.
ㅁ ㄷ	볏의 방언.

ㅁ ㅁ		목숨이나 힘이 유지되는 근본.
ㅁ ㅂ		이름에 따라 마땅히 지켜야 할 도리. 일을 꾀할 때 내세우는 이유.
ㅁ ㄹ		염치가 없음. 염치가 없음을 느껴 마음이 부끄럽고 거북함.
ㅁ ㅅ		모든 것이 덧없거나 일정하지 않고 늘 변함.
ㅁ ㅇ ㄷ		싸움에서 용감하게 활약하여 공을 세운 이야기.
ㅁ ㅅ ㄱ		아무런 생각이 없어 스스로 깨닫지 못하는 사이.
ㅁ ㄹ		눈인사.
ㅂ ㅌ		남의 재물이나 권리, 자격 등을 빼앗음.
ㅂ ㅂ		백 살의 반인 쉰 살.
ㅂ ㅊ		운반하여 냄.
ㅂ ㄹ		직책이나 직위와 관계된 명령을 내림. 긴급한 상황에 경보를 발표함.
ㅂ ㅎ ㅇ		추위를 막는 데 쓰이는 용도.

어휘확인

문장의 빈칸에 적절한 낱말을 찾아 쓰세요.

낭패 도리 노고 노기 노천 명분 무렵 단절 날품팔이 대강이

① 우리가 맛있는 밥을 먹게 되기까지 농부들의 (   )를 잊지 않아야 한다.

② 양복 신사에게 (   )을 당하던 일이 생각이 나 마음이 내키지 않았다.

③ 전쟁은 평화를 지킨다는 (   )으로 무수한 피를 요구한다.

④ 추수를 앞두고 태풍이 닥친 바람에 올해 벼농사는 큰 (   )를 보았다.

⑤ 최근 우리 사회는 세대 간 (   )이 더욱 심해지고 있다.

⑥ 김첨지는 (   )로 하루하루를 근근이 살아간다.

⑦ 부모에게 자식 된 (   )를 다해야 한다.

⑧ 점순이는 자랄 때 (   )를 자로 얻어맞느라고 마치 돌같이 굳었다.

⑨ 여름이면 강변에 (   ) 까페가 열린다.

⑩ 할아버지가 (   )를 띤 얼굴로 삼촌을 노려보았다.

농성 도래 발령 동리 논란 동심 뇌성 방한용 대거리 눈시울

⑪ 새벽녘, 교회 종소리가 온 (   )에 울려 퍼졌다.

⑫ 할머니의 고생담을 듣는 동안 우리 모두 (   )이 뜨거워졌다.

⑬ 모처럼 (   )으로 돌아가 즐겁게 놀았다.

⑭ 스마트폰의 등장은 새 시대의 (   )를 알렸다.

⑮ 지난 7월 적군의 대공세 이후 공습경보 (   )이 잦아졌다.

⑯ 겨울에는 (   ) 속옷을 입는 것이 좋다.

⑰ 자기주장을 위해서 적극적인 (   )가 필요할 때도 있다.

⑱ 와이에이치 무역 회사 여공들이 '폐업 반대' (   )을 벌였다.

⑲ 갑자기 마른 하늘에 번개가 치고 (   )이 요란하게 울렸다.

⑳ 불치병 환자에게 병명을 알리는 문제는 의사들 사이에서도 오랜 (   )거리이다.

눈잼 단박 두메 두엄 목례 뒤주 매사 넋두리 무심결 무상(無常)

㉑ 그는 술에 취하기만 하면 자신의 신세에 대해 (   )를 늘어놓는다.

㉒ (   ) 신중을 기하는 그도 이번만큼은 서둘렀다.

㉓ 그는 음악을 듣자마자 (   )에 제목을 알아맞혔다.

㉔ (   )에서 쌀을 한 가마 잔뜩 퍼내었다.

㉕ 아버지가 태어난 곳은 버스도 들어가지 않는 (   )산골이다.

㉖ 외양간 옆 (   ) 더미에서는 늘 퀴퀴한 냄새가 났다.

㉗ 대충 (   )으로 샀는데 신발이 꼭 맞는다.

㉘ 인생의 허무와 (   )을 오늘같이 느낀 일이 없습니다

㉙ 길을 가다 아는 사람을 마주치게 되면 가볍게 (   )를 나누는 것이 좋다.

㉚ 소민은 (   )에 어머니의 눈가 주름에 눈이 갔다.

액줄 면두 명맥 박탈 단매 반백(半白) 반출 덩저리 무용담 노적가리

㉛ 추수가 끝나고 마당엔 볏단이 (   )로 쌓였다.

㉜ 나비의 날개 속에 드러난 (   ) 하나하나가 눈에 뚜렷이 보였다.

㉝ 오늘은 복날이니 (   )가 큰 암탉을 잡아야겠다.

㉞ (   )을 살았지만 아직도 인생의 의미를 모르겠다.

㉟ 시조는 우리 문학의 유산 중에서 가장 오래 그 (   )을 유지하고 있다.

㊱ 나는 대뜸 달려들어서 점순네 수탉을 (   )로 때려 엎었다.

㊲ 그는 술만 들어가면 한번에 덤벼드는 적을 물리친 (   )을 늘어놓았다.

㊳ 일제는 광산 자원을 해외에 (   )하기 위한 수단으로 도로와 철도를 부설하였다.

㊴ 장영실은 임금의 가마를 잘못 만들었다는 이유로 관직을 (   )당했다.

㊵ 닭장에서 비어져 나간 닭 한 마리가 (   )를 세우며 달아난다.

♣ 다음 밑줄 친 낱말 사용이 적절한지 판단해 보세요.

① 그는 젊은 시절 고생했던 일들이 떠올랐는지 <u>무용담</u>을 늘어놓았다. ➡ _____

② 교장 선생님이 들어오시자 학생들이 정중히 <u>목례</u>를 하였다. ➡ _____

♣ 다음 대화의 빈칸에 적절한 낱말을 넣어 보세요.

③ 😎 나이를 먹을수록 인생 (   )을 느껴.

　🐻 그러게. 뭘 몰랐던 어린 시절이 좋았지.

　😎 바로 그거야! 잃어버린 (   )을 찾아야겠어.

④ 🐻 무슨 (   )으로 학교를 그만두겠다는 거야?

　😎 선생님들이 다 마음에 안 들어.

　🐻 어휴, 너부터 학생 된 (   )를 다했는지 묻고 싶다.

♣ 다음 낱말들 중 두 개 이상 활용하여 대화문을 만들어 보세요.

⑤

　　낭패, 노기, 도래, 단절, 무심결, 박탈

Day 3

명사 3(배채~소행)

별개, 병행, 보증, 소통, 비통, 설비, 설움, 보퉁이, 삭정이, 볼기짝, 성화,
세태, 소견, 번뇌, 소모, 서식, 소행, 선구자, 불합리, 생채기, 부당, 선고,
부채, 서슬, 선혈, 산전, 비하, 상실감, 불변성, 상머리, 빙자, 배채, 생색,
복장, 불우, 소멸, 상(相), 소외감, 비로드, 빈사지경

어휘사전

뜻풀이를 읽고 그에 해당하는 낱말을 찾아 쓰세요.

| ㅂ ㅊ | 어떤 일을 하기 위한 꾀. |

| ㅂ ㄴ | 마음이 시달려서 괴로움. 불교에서 몸과 마음을 괴롭히는 망상. |

| ㅂ ㄱ | 서로 관련성이 없이 다름. |

| ㅂ ㅎ | 둘 이상의 일을 한꺼번에 함. |

| ㅂ ㅈ | 어떤 사물이나 사람에 대하여 책임지고 틀림이 없음을 증명함. |

| ㅂ ㅌ ㅇ | 물건을 보에 싸서 꾸려 놓은 것. |

| ㅂ ㅊ | 가슴 한복판. |

| ㅂ ㄱ ㅉ | 볼기(엉덩이가 있는 부위)를 낮잡아 이르는 말. |

| ㅂ ㄷ | 이치에 맞지 않음. |

| ㅂ ㅊ | 남에게 진 빚. |

ㅂㅂㅅ	변하지 않는 성질. ↔ 가변성
ㅂㅇ	살림이나 처지가 딱하고 어려움. 재능이나 꿈이 있어도 때를 만나지 못해 불운함.
ㅂㅎㄹ	이론이나 이치에 합당하지 않음.
ㅂㄹㄷ	벨벳. 표면에 곱고 짧은 털이 촘촘히 돋게 짠 부드러운 비단.
ㅂㅌ	몹시 슬퍼서 마음이 아픔.
ㅂㅎ	자기 자신을 낮춤. 업신여겨 낮춤.
ㅂㅅㅈㄱ	거의 죽게 된 처지나 형편.
ㅂㅈ	남의 힘을 빌려서 의지함. 말막음을 위해 핑계로 내세움.
ㅅㅈㅇ	살아 있는 나무에 붙은 말라 죽은 가지.
ㅅㅈ	산에 있는 밭.
ㅅ	시무룩한 상, 웃는 상처럼 그때그때 나타나는 얼굴 표정.
ㅅㅁㄹ	음식을 차려 놓은 상의 옆이나 앞.
ㅅㅅㄱ	무엇인가를 잃어버린 후에 느끼는 감정.
ㅅㅅ	다른 사람 앞에 당당히 나서거나 자랑할 수 있는 체면. 떳떳한 얼굴.
ㅅㅊㄱ	손톱 따위로 할퀴거나 긁히어서 생긴 작은 상처.
ㅅㅅ	강하고 날카로운 기세.
ㅅㅅ	동물이나 식물이 일정한 곳에 자리를 잡고 삶.

ㅅ ㄱ	선언하여 널리 알림. 재판장이 판결을 알리는 일.
ㅅ ㄱ ㅈ	어떤 일이나 사상에서 다른 사람보다 앞선 사람.
ㅅ ㅎ	생생한 피.
ㅅ ㅂ	필요한 것을 베풀어서 갖춤. 또는 그런 시설.
ㅅ ㅇ	서럽게 느껴지는 마음.
ㅅ ㅎ	일이 뜻대로 되지 않아 답답하고 애가 탐. 몹시 귀찮게 구는 일.
ㅅ ㅌ	사람들의 일상생활이나 풍습 등에서 보이는 세상의 모습.
ㅅ ㄱ	어떤 일이나 사물을 살펴보고 가지게 되는 의견.
ㅅ ㅁ	사라져 없어짐.
ㅅ ㅁ	써서 없앰.
ㅅ ㅇ ㄱ	남에게 따돌림을 당하여 멀어진 듯한 느낌.
ㅅ ㅌ	서로 뜻이 통하여 오해가 없음. 막히지 않고 잘 통함.
ㅅ ㅎ	이미 해 놓은 일이나 짓.

어휘확인

문장의 빈칸에 적절한 낱말을 찾아 쓰세요.

별개 병행 보증 소통 비통 설비 설움 보퉁이 삭정이 볼기짝

① 경쟁 회사들의 거센 도전에 대응하기 위해 (   )를 현대화하기로 하였다.

② 어머니가 화가 난 표시로 (   )을 철썩 쳤다.

③ 내 삶과 부모님의 삶은 (   )라고 생각한다.

④ 해가 떨어지자마자 석구는 (   )를 모아 불을 지폈다.

⑤ 아버지의 무덤을 마주한 만수는 까닭 모를 (   )이 복받쳐 올랐다.

⑥ 암을 완치하기 위해서는 병원 치료와 식이 요법을 (   )해야 한다.

⑦ 나라가 망했다는 소식을 듣고 해인은 (   )을 가누지 못해 서럽게 울었다.

⑧ 운심은 독립당 감옥에 사흘을 갇혔다가 아는 독립군의 (   )으로 놓였다.

⑨ 그 일이 있은 후 두 사람 사이의 (   )이 예전처럼 부드럽지 못하였다.

⑩ 그녀의 손에는 가방 대신 조그만 (   )가 들려 있었다.

성화 세태 소견 번뇌 소모 서식 소행 선구자 불합리 생채기

⑪ 그의 아버지는 합방되기 훨씬 이전부터 독립 운동에 투신하셨으니 (   )라 할 만하다.

⑫ 잠든 아이의 얼굴은 세상의 (   )를 한 가지도 지니지 않은 듯 투명하고 맑았다.

⑬ 그는 희귀 동물의 (   ) 환경을 조사하는 일을 한다.

⑭ 크게 보면 역사는 진보하지만 그 과정에서 (   )한 일들이 벌어지기도 한다.

⑮ 흉악 범죄가 날로 늘어남은 오늘날 타락한 (   )를 반영하는 것이다.

⑯ 손톱으로 할퀴어서 소년의 얼굴에 (   )를 냈다.

⑰ 취업이 되자마자 그는 결혼을 독촉하는 아버지의 (   )에 시달려야 했다.

⑱ 내 (   )으로는 미켈란젤로야말로 천재 중의 천재가 아닌가 한다.

⑲ 할아버지의 일생은, 말하자면 이 금고를 지키는 데 (   )되고 말았다.

⑳ 그는 자신이 저지른 (   )을 반성하기는커녕 도리어 가게 주인을 탓하였다.

부당　선고　부채　서슬　선혈　산전　비하　상실감　불변성　상머리

㉑　그는 사회생활을 시작하면서부터 낭비가 심해 늘 (　　　　　)에 쪼들렸다.

㉒　시골에서 (　　　　　)을 일구며 소박하게 살고 싶다.

㉓　아인슈타인의 상대성 이론은 광속의 (　　　　　)을 가정한다.

㉔　공영 주차장에서 (　　　　　) 요금을 청구 받고 강하게 항의하였다.

㉕　자신에 대한 지나친 (　　　　　)는 자신감을 떨어뜨릴 뿐이다.

㉖　모두들 즐거운 표정으로 거실에 차려진 (　　　　　)에 둘러앉았다.

㉗　(　　　　　) 퍼런 총칼 앞에 무릎을 꿇다.

㉘　암이라는 의사의 (　　　　　)를 듣는 순간 그는 병원이 떠날 듯 고함을 질렀다.

㉙　그 순간 붉은 동백꽃들이 (　　　　　)을 뿌리듯 땅 위로 떨어졌다.

㉚　아이는 누구보다도 오래 할아버지를 여읜 (　　　　　)에 빠져 있었다.

빙자　배채　생색　복장　불우　소멸　상(相)　소외감　비로드　빈사지경

㉛　할머니가 (　　　　　)을 찢듯이 통곡하기 시작했다.

㉜　그는 실의와 (　　　　　) 속에서도 용기를 잃지 않았다.

㉝　수철은 독립심을 기른다는 (　　　　　)로 집을 나와 자취를 하기 시작하였다.

㉞　이렇게 되면 나도 다른 (　　　　　)를 내지 않을 수 없다.

㉟　손님을 초대한 날이면 어머니는 남색 (　　　　　) 식탁보를 식탁 위에 깔았다.

㊱　우리 수탉이 피를 흘리고 거의 (　　　　　)에 이르렀다.

㊲　청년은 사람 목숨을 구해 주고도 (　　　　　) 내지 않고 그대로 가던 길을 갔다.

㊳　생성은 죽음에서 시작되고 (　　　　　) 속에서 일어나는 게 아닌가.

㊴　반 아이들의 웃음과 시선에서 기이하게도 나는 홀로 떨어진 (　　　　　)을 느꼈다.

㊵　그의 얼굴은 웃는 (　　　　　)이라 보기만 해도 기분이 좋아진다.

어 휘 활 용

♣ 다음 밑줄 친 낱말 사용이 적절한지 판단해 보세요.

① 찬수는 축구 국가대표의 승리 소식을 듣고 <u>설움</u>에 겨워 눈물을 흘렸다. ➡ _____

② 그는 누구보다 먼저 나라를 팔아먹은 <u>선구자</u>이다. ➡ _____

♣ 다음 대화의 빈칸에 적절한 낱말을 넣어 보세요.

③ 친구들이 또 내 의견은 다 듣지도 않고 결정해 버렸어.

　엄청 (　　　　　)을 느꼈겠구나.

　그것도 그렇지만 그런 처사는 정말 (　　　　)해.

④ 어젯밤 잠을 한숨도 못 잤어.

　어떤 (　　　　)에 시달렸기에 그래?

　엄마가 취업하라고 (　　　　)잖아. 난 공부를 더 하고 싶은데 말이야.

♣ 다음 낱말들 중 두 개 이상 활용하여 대화문을 만들어 보세요.

⑤

　비하, 비통, 불우, 상실감, 선고, 부당

Day 4 명사 4(속죄~원천)

속죄, 영욕, 영접, 수맥, 역성, 연동, 원천, 연마, 신성성, 얼병이, 신세,
압지, 여념, 온반, 앙살, 얼김, 연고, 연모, 실마리, 신관(新官), 여파, 승계,
시범, 역경, 순시, 약조, 어귀, 앙갚음, 양단간, 시속(時俗), 연민, 여건, 연상,
열람, 수작, 역정, 울섶, 온새미, 앙감질, 열벙거지

어휘사전

뜻풀이를 읽고 그에 해당하는 낱말을 찾아 쓰세요.

ㅅ ㅈ	지은 죄에 대해 물건을 주거나 어떤 애쓰는 일을 하여 비겨 없앰.
ㅅ ㅁ	땅속을 흐르는 지하수의 줄기. 물길.
ㅅ ㅈ	서로 술잔이나 말을 주고받음. 혹은 남의 말이나 행동을 낮잡아 이르는 말.
ㅅ ㅅ	돌아다니며 사정을 살핌. 순찰.
ㅅ ㄱ	선임자의 뒤를 이어받음. 계승.
ㅅ ㅂ	모범을 보임.
ㅅ ㅅ	그 당시의 풍속.
ㅅ ㄱ	새로 부임한 관리.
ㅅ ㅁ ㄹ	일이나 사건을 풀어 나갈 수 있는 첫머리.
ㅅ ㅅ ㅅ	신과 같은 고결하고 거룩한 특성.

ㅅ ㅅ	다른 사람에게 도움을 받거나 폐를 끼치는 일. 한 개인의 처지.
ㅎ ㅈ	잉크나 먹물로 쓴 것이 번지거나 묻어나지 않도록 눌러 물기를 빨아들이는 종이.
ㅇ ㄱ ㅈ	한 발은 들고 한 발로만 뛰는 행동.
ㅇ ㄱ ㅇ	남이 해를 준 대로 상대에게 해를 줌.
ㅇ ㅅ	엄살을 부리며 버티고 겨루는 짓.
ㅇ ㅈ	조건을 붙여서 약속함.
ㅇ ㄷ ㄱ	이렇게 되든지 저렇게 되든지 두 가지 가운데.
ㅇ ㄱ	드나드는 목의 첫머리.
ㅇ ㄱ	어떤 일이 벌어지는 바람에 자기도 모르게 정신이 얼떨떨함. 얼김에.
ㅇ ㅂ ㅇ	됨됨이가 똑똑하지 못하고 모자라는 사람. 얼간이.
ㅇ ㄱ	주어진 조건.
ㅇ ㄴ	어떤 일에 대하여 생각하고 있는 것 외의 다른 생각.
ㅇ ㅍ	어떤 일이 끝난 뒤에 남은 영향.
ㅇ ㄱ	일이 순조롭지 않아 매우 어렵게 된 처지나 환경.
ㅇ ㅅ	옳고 그름에는 관계없이 무조건 한쪽 편을 들어 주는 일.
ㅇ ㅈ	몹시 언짢거나 못마땅하여서 내는 성.
ㅇ ㄱ	일의 까닭이나 사람들 사이에 맺어지는 관계. 인연.

ㅇ ㄷ	기계나 장치의 한 부분을 움직이면 연결되어 있는 다른 부분도 잇따라 함께 움직이는 일.
ㅇ ㅁ	고체를 갈고 닦아 표면을 반질반질하게 하는 일. 혹은 학문이나 기술을 힘써 배우고 닦음.
ㅇ ㅁ	이성을 사랑하여 간절히 그리워함.
ㅇ ㅁ	불쌍하고 가련하게 여김.
ㅇ ㅅ	하나의 생각이 다른 생각을 불러일으키는 현상.
ㅇ ㄹ	책이나 문서 따위를 죽 훑어보거나 조사하면서 봄.
ㅇ ㅂ ㄱ ㅈ	'열화'를 속되게 이르는 말. 격렬한 열정. 갑자기 치밀어 오르는 화.
ㅇ ㅇ	영예와 치욕을 아울러 이르는 말.
ㅇ ㅈ	손님을 맞아서 대접하는 일.
ㅇ ㅂ	갓 지어 따뜻한 더운밥. 장국밥.
ㅇ ㅅ ㅁ	가르거나 쪼개지 않은, 생긴 그대로의 상태.
ㅇ ㅅ	울타리를 만드는 데 쓰는 섶나무.
ㅇ ㅊ	물이 흘러나오는 근원. 사물의 근원.

어휘확인

문장의 빈칸에 적절한 낱말을 찾아 쓰세요.

속죄 영욕 영접 수맥 역성 연동 원천 연마 신성성 얼병이

① 말과 글은 모든 문화 발전의 (   )이 된다.

② 어떤 이유에서든 동지를 밀고했으면 (   )하는 마음으로 살아야 한다.

③ 동생과 싸우면 어머니는 무조건 동생 (   )만 드신다.

④ 각 종교의 경전은 저마다 (   )을 지니고 있다.

⑤ 영화판에 몸담아 지나온 (   )의 시간들이 눈앞에 펼쳐졌다.

⑥ 선조들은 아무리 경치가 좋은 곳이라도 (   )이 흐르면 집을 짓지 않았다.

⑦ 눈만 높으면서 능력이 따라가지 못하는 (   )는 되지 말자.

⑧ 요즘에 나오는 전자 제품들은 스마트폰과 (   )되어 사용하기 편리하다.

⑨ 그는 집에 온 손님을 제대로 (   )해야 복을 받는다고 믿었다.

⑩ 그녀는 자신을 지키기 위해 무술을 (   )하였다.

신세 압지 여념 온반 앙살 얼김 연고 연모 실마리 신관(新官)

⑪ 순희는 갑작스레 박수를 받자 (   )에 낯이 달아올랐다.

⑫ 자기가 잘못해서 머리를 부딪쳤으면서 괜히 식구들에게 (   )을 부렸다.

⑬ (   ) 사또의 생일 잔칫날, 암행어사가 출두하였다.

⑭ 아버지가 서울에 처음 오셨을 때 친척집에 (   )를 졌다고 한다.

⑮ 노인은 눈을 감고 그 사건의 (   )를 더듬어 나갔다.

⑯ 길바닥의 흙먼지는 강력한 (   )처럼 내 신발의 물감을 순식간에 흡수해 버렸다.

⑰ 문제 풀기에 (   )이 없던 아이들이 천둥소리에 화들짝 놀라 고개를 들었다.

⑱ 날씨도 춥고 배도 고픈데 어디 (   ) 없습니까?

⑲ 그녀를 (   )한 지 십 년 만에 마침내 용기를 내 고백하였다.

⑳ 그는 초등학교를 대전에서 다닌 (   )로 그쪽으로 발령 신청을 하였다.

여파 승계 시범 역경 순시 약조 어귀 양감음 양단간 시속(時俗)

㉑ 조교가 고공낙하 (   )을 보이자 모두 요란하게 박수를 쳤다.

㉒ 경찰은 김만복의 집 근처에 잠복조를 배치하고 (   )를 강화하였다.

㉓ 마을 (   )에 들어서자, 여기저기서 개 짖는 소리가 들렸다.

㉔ 왕이 죽자 자동적으로 세자가 왕위를 (   )하였다.

㉕ 그에게 받은 멸시와 모욕을 (   )할 날이 꼭 올 것이다.

㉖ 계속 싸우든지 화해를 하든지 (   )에 결정이 날 것이다.

㉗ 그는 (   ) 물정에 밝아 사람들이 원하는 물건을 한 발 앞서 판매하였다.

㉘ 전란이 장기화되자 백성들은 그 (   )가 생활 깊숙이 끼어든 것을 깨달았다.

㉙ 어떠한 (   )에 부딪치더라도 신념을 굽히지 말고 앞으로 나아가자.

㉚ 다음달부터 정식 직원으로 전환해 주기로 (   )가 다 되었다.

연민 여건 연상 열람 수작 역정 울섶 온새미 양감질 열벙거지

㉛ 그는 선생님을 볼 때마다 덩치 큰 북극곰이 (   )되었다.

㉜ 그 따위 (   )에 내가 넘어갈 것 같으냐?

㉝ 아버지는 직장을 그만 두신 후로 (   )을 잘 냈다.

㉞ 개똥 묻은 운동화의 왼발을 들고 (   )로 뛰면서 겨우 수돗가로 갔다.

㉟ 수진은 회장이 될 만한 (   )을 많이 갖추고 있었다.

㊱ 교통사고로 부모를 잃고 혼자 남겨진 아이를 보며 사람들은 깊은 (   )을 느꼈다.

㊲ 지수는 과제를 하기 위해 도서관에 가서 역사책들을 (   )하였다.

㊳ 홀어미는 (   )가 나서 이른 아침부터 돈을 받으러 돌아다녔다.

㊴ 복날이라고 통닭이 식탁 위에 (   )로 올라 왔다.

㊵ 울타리를 치면 칠수록 (   )이 물러앉으며 뼈대만 남았다.

♣ 다음 밑줄 친 낱말 사용이 적절한지 판단해 보세요.

① 스트레스는 만병의 <u>원천</u>이다. ➡ _____

② 마음속에 무슨 <u>수작</u>을 담고서 저러는 걸까. ➡ _____

♣ 다음 대화의 빈칸에 적절한 낱말을 넣어 보세요.

③ 😎 연필과 지우개를 보면 어떤 관계가 떠오르니?

🐻 글쎄, 아무 것도 (   )되는 게 없는데….

😎 연필이 하는 일, 지우개가 하는 일에서 (   )를 찾아봐.

④ 🐻 너희들, 왜 유나만 괴롭히니?

😎 지금 유나 친구라고 유나 (   )드냐?

🐻 역성이 아니라, 유나가 하도 당하니까 (   )을 느끼는 거지.

♣ 다음 낱말들 중 두 개 이상 활용하여 대화문을 만들어 보세요.

⑤

속죄, 여건, 앙갚음, 신세, 역정, 여념

Day 5 명사 5(움~진입로)

위엄, 조력, 조롱, 임종, 유년, 저작, 유무, 저지레, 육친애, 움, 지대, 유희,
윤곽, 잿물, 인식, 인정, 이태, 지게미, 인조견, 자맥질, 정월, 제철, 유출,
일금, 자태, 익년, 잣대, 절충안, 유대감, 이질감, 정색, 유해, 조행, 지경,
이기, 이념, 유지, 잡역부, 진입로, 유독(有毒)

어휘사전
뜻풀이를 읽고 그에 해당하는 낱말을 찾아 쓰세요.

ㅇ	풀이나 나무에 새로 돋아난 싹.
ㅇ ㅇ	존경할 만한 힘이 느껴지는 점잖고 엄숙한 태도.
ㅇ ㄴ	어린 나이의 때. ↔ 장년, 노년.
ㅇ ㄷ ㄱ	서로 아주 가깝게 연결되어 있는 공통된 느낌.
ㅇ ㄷ	독성이 있음.
ㅇ ㅁ	있음과 없음.
ㅇ ㅈ	마을이나 지역에서 이름이 있고 영향력을 가진 사람.
ㅇ ㅊ	밖으로 흘러 나감. 혹은 귀중한 물품 등을 불법적으로 밖으로 내보냄.
ㅇ ㅎ	주검(시신)을 태우고 나온 뼈. 무덤 속에서 나온 뼈.
ㅇ ㅎ	즐겁게 놀며 장난함.
ㅇ ㅊ ㅇ	같은 혈통의 친족 관계에 있는 사람들 사이의 애정.

ㅇ ㄱ	일이나 사건의 대강의 줄거리. 혹은 사물의 대강의 모습.
ㅇ ㄱ	실용적이고 편리한 기구. 혹은 쓸모 있는 재능.
ㅇ ㄴ	이상적인 것으로 굳게 믿어지는 생각이나 견해.
ㅇ ㅈ ㄱ	성질이 서로 달라서 잘 맞지 않는 느낌.
ㅇ ㅌ	두 해.
ㅇ ㄴ	이듬해. 다음해.
ㅇ ㅅ	사물을 분별하고 판단하여 앎.
ㅇ ㅈ	사람이 본래 가지고 있는 감정. 남을 동정하는 따뜻한 마음.
ㅇ ㅈ ㄱ	사람이 만든, 명주실로 짠 비단.
ㅇ ㄱ	(일정한 돈의 액수 앞에 쓰여) 전부의 돈.
ㅇ ㅈ	죽음을 맞이함. 혹은 부모가 돌아가실 때 그 곁을 지킴.
ㅈ ㅁ ㅈ	물속에서 팔다리를 놀리며 떴다 잠겼다 하는 짓.
ㅈ ㅌ	어떤 모습이나 모양.
ㅈ ㅇ ㅂ	여러 가지 자질구레한 일에 종사하는 사람.
ㅈ ㄷ	어떤 현상이나 문제를 판단하는 근거가 되는 기준.
ㅈ ㅁ	짚이나 나무를 태운 재를 우려낸 물로, 예전에 빨래를 할 때 주로 씀.
ㅈ ㅈ ㄹ	일이나 물건에 문제가 생기게 해 잘못되게 하는 일.
ㅈ ㅊ ㅇ	두 가지 이상의 안을 서로 보충하여 알맞게 조절한 안.

ㅈ ㅅ	얼굴에 엄격하고 바른 빛을 나타냄.
ㅈ ㅇ	음력으로 1월.
ㅈ ㅊ	알맞은 계절. 알맞은 때.
ㅈ ㄹ	힘을 써 도와줌.
ㅈ ㄹ	비웃거나 깔보면서 놀림.
ㅈ ㅎ	태도와 행실을 함께 이르는 말.
ㅈ ㄱ ㅁ	술을 거르고 걸러서 남은 찌꺼기.
ㅈ ㅈ	예술이나 학문에 관한 책이나 작품을 지음. 혹은 그 책이나 작품.
ㅈ ㄱ	나라나 지역의 구간을 가르는 경계. 일정한 테두리 안의 땅.
ㅈ ㄷ	자연적, 인위적으로 한정된 일정 구역.
ㅈ ㅇ ㄹ	들어가는 길.

어휘확인

문장의 빈칸에 적절한 낱말을 찾아 쓰세요.

위엄 조력 조롱 임종 유년 저작 유무 저지레 육친애 움

① 할아버지는 가족이 모두 지켜보는 가운데 편안하게 (   )을 하셨다.

② 날이 아직 차지만 역시 봄이 오니 새싹이 알아서 (   )이 텄네.

③ 지금은 잘못의 (   )를 따질 때가 아니라 먼저 병원으로 옮겨 치료부터 해야지.

④ 그는 할아버지의 감동 어린 눈물에서 진한 (   )를 느꼈다.

⑤ 재하는 교장 선생님의 (   )에 눌려 아무 말도 하지 못했다.

⑥ 그는 동기들의 (   )을 받아가며 겨우 훈련을 마쳤다.

⑦ 그는 검은 피부색 때문에 백인들의 (   )을 받았지만 위축되지 않았다.

⑧ 전쟁이 끝나고 기지촌에서 보낸 (   )은 음울하기만 했다.

⑨ 그는 실연을 당하고 난 뒤 연구와 (   )에 힘썼다.

⑩ 아무리 자식이라도 아이가 무슨 (   )를 치고 다니면 따끔히 혼을 내야 한다.

지대 유희 윤곽 잿물 인식 인정 이태 지게미 인조견 자맥질

⑪ 에너지 문제를 해결하기 위해서는 무엇보다 (   )의 전환부터 이루어져야 한다.

⑫ 집과 살림살이를 다 팔면 적어도 (   ) 동안은 굶어 죽지는 않을 거야.

⑬ 초록 바탕에 다홍 자수를 넣은 (   ) 이불의 색채가 찬란하다.

⑭ 수사를 시작한 지 일주일이 지나자 드디어 사건의 (   )이 드러났다.

⑮ 우리나라에는 명절마다 가족 및 친척들과 함께 즐길 수 있는 (   )가 있다.

⑯ 어머니는 콩대를 태워 우려낸 (   )로 아버지의 셔츠를 눈같이 희게 빨았다.

⑰ 전에 수영선수였다고 하면서 헤엄도 잘 못 치고 (   )엔 더 서툴렀다.

⑱ 시골 장터에는 그래도 따사로운 (   )이 감돈다.

⑲ 그 지역은 인근에 공장 (   )가 있어서 미세먼지 문제가 더욱 심각하다.

⑳ 먹을 것이 귀했던 예전에는 막걸리 (   )를 먹기도 했다.

정월   제철   유출   일금   자태   익년   잣대   절충안   유대감   이질감

㉑ 반 아이들은 회의 시간에 다양한 의견을 듣고 장점을 골라 (   )을 마련했다.

㉒ 한 팀이라는 끈끈한 (   )이 2학년 4반을 최고의 반으로 만들었다.

㉓ 결혼은 늦어도 (   ) 봄에는 할 생각이다.

㉔ 히말라야의 웅장한 (   )에 입을 닫을 수가 없었다.

㉕ 학교는 시험 문제의 사전 (   )을 막기 위해 사설 경호원을 동원하였다.

㉖ 서양 음식인데도 김치와 (   ) 없이 조화로운 맛을 냈다.

㉗ 설은 음력 1월 1일이라 (   ) 명절이라고도 부른다.

㉘ (   )에 나는 식재료가 가장 신선하고 음식 맛을 더욱 좋게 한다.

㉙ 유미는 (   ) 이십만 원을 모두 기부하기로 결심했다.

㉚ 외모를 (   )로 삼아 상대의 모든 면을 판단하는 것은 바람직하지 않다.

정색   유해   조행   지경   이기   이념   유지   잡역부   진입로   유독(有毒)

㉛ 자동차 같은 문명의 (   )가 항상 인류를 편하게만 하는 것은 아니다.

㉜ 아기들이 먹는 분유에서 (   ) 성분이 검출되어 대중의 분노가 폭발했다.

㉝ 세상의 그 어떤 (   )도 인간의 존엄성보다 더 우위에 있을 수 없다.

㉞ 직원은 대부분 일본인이고 조선인은 청소부 같은 (   )들만 있었다.

㉟ 그의 할아버지가 지역 (   )여서 어린 시절 그는 왕자 대접을 받으며 자랐다고 한다.

㊱ 소민이가 동생과 장난을 치다 동생이 욕을 하자 갑자기 (   )하며 동생을 쏘아보았다.

㊲ 내가 다녔던 고등학교 (   )에는 은행나무가 양옆으로 죽 늘어서 있다.

㊳ 전쟁이 끝나고 나서야 그는 형의 (   )를 찾아 늦게나마 장사를 지낼 수 있었다.

㊴ (   )이 나쁜 사람은 절대 사귀어서는 안 된다.

㊵ 김천일은 쫓기는 왜적을 용인 (   )까지 몰아냈다.

어휘활용

♣ 다음 밑줄 친 낱말 사용이 적절한지 판단해 보세요.

① 한 병사가 적의 총탄에 맞아 장렬히 <u>임종</u>을 했다. ➡ _____

② 창의적인 작품을 만들려면 다양한 <u>인식</u>을 떠올려야 한다. ➡ _____

♣ 다음 대화의 빈칸에 적절한 낱말을 넣어 보세요.

③ 🧑 전학 오고 일주일 생활해 보니까 어때?

　🐻 처음부터 한 반이었던 것처럼 전혀 (　　　　　)이 느껴지지 않아.

　🧑 우리 반이 원래 (　　　　　)이 높기로 유명해.

④ 🐻 왜 그렇게 화를 내? 그 표정은 뭐야?

　🧑 너는 어째 불쌍한 사람을 봐도 (　　　　　)이 없냐?

　🐻 그게 무슨 큰 문제라고 갑자기 (　　　　　)하며 말하니?

♣ 다음 낱말들 중 두 개 이상 활용하여 대화문을 만들어 보세요.

⑤

　　　윤곽, 인식, 위엄, 조롱, 이념, 절충안

Day 6

명사 6(질색~힐난)

칠갑, 타향, 포효, 품격, 탄식, 힐난, 채취, 천대, 체류, 해, 촉발, 평판, 추궁, 출처, 태고, 창단, 학동, 채비, 하층민, 참, 토담, 통용, 해소, 현황, 통인, 파면, 추산, 한정, 집대성, 추석치레, 한탄, 호의, 침해, 질색, 회고, 질책, 횡액, 흉물, 촉매제, 허드레옷

어휘사전

뜻풀이를 읽고 그에 해당하는 낱말을 찾아 쓰세요.

ㅈ ㅅ	몹시 싫어하거나 꺼림.
ㅈ ㅊ	꾸짖어 나무람.
ㅈ ㄷ ㅅ	여러 가지를 모아 하나의 체계를 이루어 완성함.
ㅊ	일을 하다가 잠시 쉬는 동안. 혹은 그때 먹는 음식.
ㅊ ㄷ	단체를 새로 만듦.
ㅊ ㅂ	어떤 일이 이루어지기 위해 미리 갖추어야 하는 것.
ㅊ ㅊ	자연물을 찾아 베거나 캐서 얻음. 혹은 연구나 조사에 필요한 것을 얻음.
ㅊ ㄷ	업신여겨 천하게 대우하거나 함부로 다룸.
ㅊ ㄹ	집을 떠나 멀리 가서 머물러 있음.
ㅊ ㅁ ㅈ	촉매에 쓰이는 물질. 혹은 어떤 일을 유도하거나 변화하게 하는 계기.

ㅊ ㅂ	어떤 일을 겪어 감정이 일어남. 혹은 부딪쳐 폭발함.
ㅊ ㄱ	잘못한 일에 대해 엄하게 따져서 밝힘.
ㅊ ㅅ	짐작으로 미루어 따져봄.
ㅊ ㅅ ㅊ ㄹ	추석날 치르는 일.
ㅊ ㅊ	사물이나 어떤 말이 나온 근거. 사람이 다니거나 가는 곳.
ㅊ ㄱ	물건의 표면에 다른 물질을 흠뻑 칠하여 바름.
ㅊ ㅎ	침범하여 해를 끼침.
ㅌ ㅎ	자기 고향이 아닌 지역.
ㅌ ㅅ	한탄하여 한숨을 쉼.
ㅌ ㄱ	아주 먼 옛날.
ㅌ ㄷ	흙으로 쌓아 만든 담.
ㅌ ㅇ	일반적으로 두루두루 씀.
ㅌ ㅇ	사물에 통달한 사람. 통행하는 사람.
ㅍ ㅁ	잘못을 저지른 사람에게 하던 일이나 직업을 그만두게 함.
ㅍ ㅍ	세상 사람들의 평가.
ㅍ ㅎ	사나운 짐승이나 사람, 사물이 거칠고 세게 울부짖음.
ㅍ ㄱ	사람 된 바탕과 타고난 성품. 사물에서 느껴지는 품위.
ㅎ ㅊ ㅁ	계급이나 신분, 지위, 생활수준 등이 낮은 사람.

초성	뜻
ㅎ ㄷ	글방에서 글을 배우는 아이.
ㅎ ㅈ	수량이나 범위를 제한하여 정함.
ㅎ ㅌ	분하고 억울한 일, 뉘우치는 일이 있을 때 한숨을 쉬며 탄식함.
ㅎ ㅅ	어려운 일이나 문제를 해결하여 없앰.
ㅎ ㄷ ㄹ ㅇ	중요하지 않고 허름한 일을 할 때 입는 옷.
ㅎ ㅎ	현재의 상황.
ㅎ ㅇ	친절한 마음씨. 좋게 생각해 주는 마음.
ㅎ	새장이나 닭장 속에 새나 닭이 올라앉도록 가로질러 놓은 나무 막대.
ㅎ ㄱ	뒤를 돌아봄. 지나간 일을 돌이켜 생각함.
ㅎ ㅇ	뜻밖에 닥쳐오는 불행.
ㅎ ㅁ	성질이나 모습이 흉하게 생긴 사람이나 동물.
ㅎ ㄴ	트집을 잡아 마음이 몹시 편치 않게 따지고 듦.

어휘확인

문장의 빈칸에 적절한 낱말을 찾아 쓰세요.

칠갑 타향 포효 품격 탄식 힐난 채취 천대 체류 홰

① 대중 앞에서 그는 어느 정치인도 흉내 낼 수 없는 (　　　　　) 있는 연설을 보여 주었다.

② 동이 틀 때쯤, 닭이 (　　　　　)에 올라앉아 울기 시작했다.

③ 지수는 국어 시험 범위가 네 단원인 걸 알고는 (　　　　　)이 절로 나왔다.

④ 1년째 소식 없던 복동이가 어느 날 온몸에 흙 (　　　　　)을 하고 나타났다.

⑤ 그녀는 큰아버지 가족에게 아무리 (　　　　　)와 구박을 받아도 항상 웃음을 잃지 않았다.

⑥ 폭풍우가 닥치자 바다가 몸부림치며 (　　　　　)하였다.

⑦ 이모는 미국 유학 후 현재 보스턴에 (　　　　　) 중이다.

⑧ 그는 가난으로 고향을 떠나 서울에서 (　　　　　)살이를 시작하였다.

⑨ 이제 이 갯벌에서는 조개 무단 (　　　　　)를 금지하고 있다.

⑩ 왜 상자를 열었느냐고 판도라를 (　　　　　)할 순 없다.

족발 평판 추궁 출처 태고 창단 학동 채비 하층민 참

⑪ 그 독립운동가는 계속되는 (　　　　　)에도 동지들에 대해 함구하였다.

⑫ 이번에 독립 야구단을 (　　　　　)했으니 주민 여러분의 많은 관심 바랍니다.

⑬ 그 소설가는 (　　　　　)의 비참한 삶을 생생히 묘사하였다.

⑭ 기차 시간 늦지 않게 얼른 떠날 (　　　　　)를 서두르자.

⑮ 오후 수업이 끝나고 저녁 (　　　　　)에는 잠시 외출을 해도 된다.

⑯ 일상적으로 사용하는 물건들은 너무 익숙해져 좀처럼 생각의 (　　　　　)을 일으키지 못한다.

⑰ 새로 이사 온 박가를 둘러싼 (　　　　　) 없는 소문이 한동안 마을 사람들 입에 오르내렸다.

⑱ 폭행 사건 후 그에 대한 (　　　　　)이 좋지 않은 것은 사실이다.

⑲ 훈장님 댁을 지날 때는 어김없이 (　　　　　)들의 글 읽는 소리가 낭랑하게 들려왔다.

⑳ 이 땅은 (　　　　　) 때부터 우리 민족이 살던 곳으로 역사가 아주 깊다.

토담 통용 해소 현황 통인 파면 추산 한정 집대성 추석치레

㉑ 이번 태풍으로 최소 백억 원이 넘는 피해액이 발생할 거라는 (   )이 나왔다.

㉒ 신라 진성여왕 때 향가를 (   )한 〈삼대목〉이란 책이 지어졌으나 전해지지 않는다.

㉓ 그 의류 브랜드에서 (   ) 판매를 하는 날이면 골목까지 줄을 길게 늘어선다.

㉔ 새 운전면허증이 이르면 다음 달부터 세계 35개국에서 (   )된다.

㉕ 병사들은 적의 공격에 대비해 백성들과 힘을 모아 진흙을 이겨서 (   )을 쌓기 시작했다.

㉖ 명상과 산책은 스트레스 (   )에 도움이 된다.

㉗ (   )로 처음 송편을 빚다가 목에 담이 와 버렸다.

㉘ 총리가 직접 가 산불 피해 (   )을 확인하였다.

㉙ 시민 단체는 뇌물을 받은 공무원의 (   )을 요구했다.

㉚ 이 거리는 밤 10시만 넘어도 (   )이 없다.

한탄 호의 침해 질색 회고 질책 횡액 흉물 촉매제 허드레옷

㉛ 할머니는 그 뒤로도 오랫동안 경찰이라면 (   )을 하셨다.

㉜ 사람들이 연달아 죽는 (   )이 일어나자 마을에 공포가 감돌기 시작했다.

㉝ 그는 선생님의 (   )에 감사를 표시하였다.

㉞ 그는 마지막 경기를 앞두고 부상을 입은 일에 대해 (   )을 금치 못했다.

㉟ 여행은 지루한 일상을 새롭게 바꿔 주는 (   ) 역할을 톡톡히 한다.

㊱ 그는 자신을 키운 건 역설적으로 대중의 냉정한 비판과 (   )이었다고 고백하였다.

㊲ 본인 동의 없이 휴대폰 메시지 검사는 명백한 사생활 (   )이다.

㊳ (   ) 입고 장사하면 오히려 손님들이 떨어져 나간다.

㊴ 그는 지그시 눈을 감고 자신의 유년 시절을 (   )하였다.

㊵ 그 뱀 같은 (   )을 잡아서 어쩌려고요?

♣ 다음 밑줄 친 낱말 사용이 적절한지 판단해 보세요.

① 그 강아지는 주인이 현관문을 열자마자 질색을 하며 꼬리를 흔들었다. ➡ _____

② 밝은 미래를 회고하면 희망이 생긴다. ➡ _____

♣ 다음 대화의 빈칸에 적절한 낱말을 넣어 보세요.

③ 수진이가 성질 나쁘다는 얘기 어디서 들었어?

애들이 그러던데… 정확한 ( )는 잘 모르겠어.

알지도 못하면서 너까지 친구를 ( )하면 되겠냐?

④ A팀의 김복수 씨 어때요?

글쎄요, 거기 사람들 얘기 들어보니까 ( )이 좋지는 않더라고요.

아무래도 지난 번 일로 ( )될 것 같아요.

♣ 다음 낱말들 중 두 개 이상 활용하여 대화문을 만들어 보세요.

⑤

호의, 한탄, 해소, 천대, 침해, 포효

Day 7

동사(간추리다~횡행하다)

굶다, 과하다, 홉뜨다, 하비다, 기겁하다, 닥뜨리다, 과시하다, 뻐드러지다, 해뜩거리다, 시시덕거리다, 새다, 거하다, 경치다, 간추리다, 멈씰하다, 골몰하다, 만끽하다, 개선하다, 당도하다, 신언(愼言)하다, 야위다, 얼리다, 문지르다, 우회하다, 유발하다, 종사하다, 쭹지르다, 천명하다, 내로라하다, 고분거리다, 추리다, 치빼다, 푸념하다, 향유하다, 확충하다, 횡행하다, 부르켜다, 구제하다, 태태거리다, 노그라지다

어휘사전

뜻풀이를 읽고 그에 해당하는 낱말을 찾아 쓰세요.

ㄱ ㅊ ㄹ ㄷ	글에서 중요한 점만 골라 간략하게 정리하다.
ㄱ ㅅ ㅎ ㄷ	잘못된 것이나 부족한 것, 나쁜 것을 고쳐서 더 좋게 만들다.
ㄱ ㅎ ㄷ	일정한 곳에 머물러 살다.
ㄱ ㅊ ㄷ	혹독하게 벌을 받다.
ㄱ ㅂ ㄱ ㄹ ㄷ	공손하고 부드럽게 행동하다.
ㄱ ㅁ ㅎ ㄷ	다른 생각을 할 여유도 없이 한 가지 일에만 파묻히다.
ㄱ ㄷ	속이 해를 입어 상하다.
ㄱ ㅅ ㅎ ㄷ	자랑하여 보이다. 사실보다 크게 나타내어 보이다.
ㄱ ㅎ ㄷ	정도가 지나치다.

ㄱ ㅈ ㅎ ㄷ	자연재해 등의 피해로 어려움에 처한 사람을 도와주다.
ㄱ ㄱ ㅎ ㄷ	숨이 막힐 듯이 갑자기 겁을 내며 놀라다.
ㄴ ㄹ ㄹ ㅎ ㄷ	어떤 분야를 대표할 만하다.
ㄴ ㄱ ㄹ ㅈ ㄷ	지쳐서 맥이 빠지고 축 늘어지다.
ㄷ ㄸ ㄹ ㄷ	닥쳐오는 사물이나 일에 직접 부딪다.
ㄷ ㄷ ㅎ ㄷ	어떤 곳에 다다르다.
ㅁ ㄲ ㅎ ㄷ	충분히 먹고 마시다. 욕망을 마음껏 충족하다.
ㅁ ㅆ ㅎ ㄷ	하던 일이나 동작을 갑자기 멈추다. '멈칫하다'의 방언.
ㅁ ㅈ ㄹ ㄷ	무엇을 대고 이리저리 밀거나 비비다.
ㅂ ㄹ ㅋ ㄷ	살가죽이 부어오르거나 커지다. '부르트다'의 방언.
ㅃ ㄷ ㄹ ㅈ ㄷ	끝이 밖으로 벌어져 나오다. 굳어서 뻣뻣하게 되다.
ㅅ ㄷ	날이 밝아 오다.
ㅅ ㅇ ㅎ ㄷ	말을 함부로 하지 않고 삼가다.
ㅅ ㅅ ㄷ ㄱ ㄹ ㄷ	실없이 웃으면서 조금 큰 소리로 계속 이야기하다.
ㅇ ㅇ ㄷ	살이 빠져 몸이 마르고 얼굴에 조금 핏기가 없다.
ㅇ ㄹ ㄷ	어울리게 하다.
ㅇ ㅎ ㅎ ㄷ	곧바로 가지 않고 멀리 돌아서 가다.
ㅇ ㅂ ㅎ ㄷ	어떤 것이 다른 일을 일어나게 하다.

ㅈ ㅅ ㅎ ㄷ	어떤 일에 마음과 힘을 다하다. 어떤 일을 직업처럼 하다.
ㅈ ㅈ ㄹ ㄷ	주먹으로 힘껏 내지르다. 쥐어지르다.
ㅊ ㅁ ㅎ ㄷ	진리나 사실, 입장을 드러내어 밝히다.
ㅊ ㄹ ㄷ	섞여 있는 것에서 여럿을 뽑아내거나 골라내다.
ㅊ ㅃ ㄷ	냅다 달아나다.
ㅌ ㅌ ㄱ ㄹ ㄷ	장난스럽게 다투다.
ㅍ ㄴ ㅎ ㄷ	마음속에 있는 불평을 늘어놓다.
ㅎ ㅂ ㄷ	손톱이나 날카로운 물건으로 긁어 파다. 아픈 마음을 자극하다.
ㅎ ㄸ ㄱ ㄹ ㄷ	갑자기 얼굴을 돌리며 자꾸 돌아보다.
ㅎ ㅇ ㅎ ㄷ	누리어 가지다.
ㅎ ㄸ ㄷ	눈알을 위로 굴리고 눈시울을 위로 치뜨다.
ㅎ ㅊ ㅎ ㄷ	늘리고 넓혀 충실하게 하다.
ㅎ ㅎ ㅎ ㄷ	아무 거리낌없이 제멋대로 행동하다.

어휘확인

문장의 빈칸에 적절한 낱말을 찾아 쓰세요.

끓다 과하다 홉뜨다 하비다 기껍다 닥뜨리다
과시하다 뻐드러지다 해뜩거리다 시시덕거리다

① 그녀는 결승전에서 그 동안 갈고 닦은 기량을 유감없이 (   ).

② 아무리 힘든 고난을 당해도 좌절하지 않고 (   ) 끝내 이겨낼 것이다.

③ 자취 생활 3년 동안 밥을 제때 챙겨 먹지 못해서인지 몸이 많이 (   ).

④ 그는 평소 주의가 산만해 수업 시간에도 내내 친구들과 잡담하며 (   ).

⑤ 그 꼬마는 앞니가 (   ) 토끼처럼 귀여웠다.

⑥ 우리 형편에 이런 큰 집은 좀 (   ).

⑦ 골목에서 놀던 아이들은 갑자기 대형 트럭이 나타나자 (   ) 달아났다.

⑧ 아이들은 틈만 나면 옆자리 짝꿍과 (   ).

⑨ 유치원 같은 반 아이가 우리 딸 얼굴을 (   ) 놓아 눈가에 상처가 나고 말았다.

⑩ 점순이가 매섭게 눈을 (   ) 팔을 걷어붙였다.

새다 거하다 경치다 간추리다 멈씰하다 골몰하다
만끽하다 개선하다 당도하다 신언(愼言)하다

⑪ 시간이 없으니까 책 내용을 (   ) 말해 줘.

⑫ 교육 환경을 (   ) 학생들이 즐겁고 행복한 학교생활을 할 수 있도록 하자.

⑬ 버스가 터미널에 (   ) 즉시 연락해라.

⑭ 드디어 바라고 바라던 우승을 했으니 승리의 기쁨을 (   ) 싶어.

⑮ 또 한 번 담을 넘으면 호되게 (   ) 줄 알아라.

⑯ 스님은 10년 동안 홀로 암자에 (   ) 사람들과의 만남을 일체 갖지 않았다.

⑰ 추리소설에 빠져 시간 가는 줄 모르고 읽다 보니 어느새 날이 (   ).

⑱ 신 앞에서는 말조심을 하고 (   ) 한다.

⑲ 그 맹인은 횡단보도 앞에서 잠시 (   ).

⑳ 할아버지는 퇴직 후 바둑에만 (   ) 시간을 보내셨다.

야위다　얼리다　문지르다　우회하다　유발하다　종사하다
제지르다　천명하다　내로라하다　고분거리다

㉑ 그 마을로 가려면 이 산을 동쪽으로 (　　　　　) 가야 한다.

㉒ 방사능 내부 피폭은 암을 (　　　　　).

㉓ 오늘 모이신 분들은 모두 각 분야에서 (　　　　　) 분들입니다.

㉔ 얼굴을 너무 세게 (　　　　　) 자극 때문에 오히려 뾰루지 같은 게 날 수 있다.

㉕ 다이어트 한 달째인데 몸이 너무 (　　　　　) 알아볼 수 없을 정도였다.

㉖ 일본 순사는 만덕이 자기한테 (　　　　　) 않자 괜히 트집을 잡고 놓아 주지 않았다.

㉗ 어머니는 손님들을 대접하기 위해 갖가지 야채를 고기와 (　　　　　) 내왔다.

㉘ 결혼을 앞두고 그는 평생 (　　　　　) 온 가게를 정리하였다.

㉙ 그는 왕이 되고 난 후 신하들을 불러 모아 개혁 의지를 (　　　　　).

㉚ 내가 산에서 내려올 때 점순이 내보란 듯이 우리집 수탉을 잡아 (　　　　　) 있었다.

추리다　치빼다　푸념하다　향유하다　확충하다　횡행하다
부르켜다　구제하다　태태거리다　노그라지다

㉛ 대량 해고로 인한 실직자를 (　　　　　) 위해 공공 일자리를 늘렸다.

㉜ 그는 서울로 와서 하루도 쉬지 않고 손발이 (　　　　　) 열심히 일했다.

㉝ 그는 퇴근 후 반려견 빙고와 (　　　　　) 노는 것이 유일한 낙이다.

㉞ 나는 바위를 끼고 엉금엉금 기어서 산 위로 (　　　　　) 않을 수 없었다.

㉟ 지난 2주 동안 시험공부에 기운을 다 쏟아 완전히 (　　　　　).

㊱ 전체 지원자 중에 여덟 명을 (　　　　　) 2차 면접 대상자로 삼았다.

㊲ 아이들은 담임선생님이 종례를 너무 늦게 끝내 준다고 (　　　　　).

㊳ 조선 후기 정치가 불안정하고 사회 기강이 해이해지면서 도처에서 도적이 (　　　　　).

㊴ 이번 신입사원 선발을 통해 모자라는 인력을 (　　　　　) 계획이다.

㊵ 이제는 누구나 문화예술을 (　　　　　) 기회가 많아졌다.

어휘활용

♣ 다음 밑줄 친 낱말 사용이 적절한지 판단해 보세요.

① 수진이는 또 전교 1등을 했다고 <u>푸념하였다</u>. ➡ _____

② 사람이 물에 빠졌으면 당장 목숨을 <u>구제하는</u> 것이 마땅하다. ➡ _____

♣ 다음 대화의 빈칸에 적절한 낱말을 넣어 보세요.

③ 못생긴 걸 못생겼다고 한 게 잘못이야?

당연하지. 마음을 아프게 했잖아. 그렇게 남의 맘을 (   ) 싶니?

장난으로 한 말이야. 둘이 (   ) 놀다 그런 말이 나온 거야.

④ 뭘 그렇게 (   ) 있어?

방학 숙제 때문에. 과학 탐구 주제를 무엇으로 할지 생각하고 있어.

아휴, 방학이 되어도 숙제에 학원에 자유를 (   ) 시간이 없네.

♣ 다음 낱말들 중 두 개 이상 활용하여 대화문을 만들어 보세요.

⑤

과시하다, 내로라하다, 고분거리다, 시시덕거리다, 겹치다, 기껍하다

Day 8
형용사(감때사납다~야속하다)

모질다, 무디다, 암팡지다, 겸허하다, 무안하다, 박절하다, 고상하다, 비천하다, 생소하다, 감때사납다, 고깝다, 멋쩍다, 기박하다, 길씀하다, 냉랭하다, 다분하다, 단조하다, 당돌하다, 매정하다, 소보록하다, 달갑다, 난하다, 곰살궂다, 무색하다, 계면쩍다, 고단하다, 반반하다, 비범하다, 알싸하다, 무분별하다, 무료하다, 부산하다, 삭막하다, 심란하다, 고심하다, 과년하다, 실팍하다, 방대하다, 신실하다, 야속하다

어휘사전

뜻풀이를 읽고 그에 해당하는 낱말을 찾아 쓰세요.

| ㄱ ㄸ ㅅ ㄴ ㄷ | 사람이 억세고 사납다. 사물이 험하고 거칠다. |

| ㄱ ㅎ ㅎ ㄷ | 스스로 자신을 낮추고 비우는 태도가 있다. |

| ㄱ ㅁ ㅉ ㄷ | 쑥스럽거나 미안하여 어색하다. 겸연쩍다. |

| ㄱ ㄲ ㄷ | 섭섭하고 야속해서 마음이 언짢다. |

| ㄱ ㄷ ㅎ ㄷ | 몸이 지쳐서 기운이 없다. 처지가 좋지 못해 몹시 힘들다. |

| ㄱ ㅅ ㅎ ㄷ | 품위나 몸가짐의 수준이 높고 훌륭하다. |

| ㄱ ㅅ ㅎ ㄷ | 몹시 애를 태우며 마음을 쓰다. |

| ㄱ ㅅ ㄱ ㄷ | 태도나 성질이 부드럽고 친절하다. 꼼꼼하고 자세하다. |

| ㄱ ㄴ ㅎ ㄷ | 주로 여자의 나이가 평균적으로 혼인할 시기를 지나 있다. |

| ㄱ ㅂ ㅎ ㄷ | 팔자, 운수 따위가 사납고 복이 없다. |

ㄱ ㅆ ㅎ ㄷ	시원스레 조금 긴 듯하다.
ㄴ ㅎ ㄷ	빛깔, 글씨, 무늬가 깔끔하지 않고 무질서하고 어수선하다.
ㄴ ㄹ ㅎ ㄷ	온도가 몹시 낮아서 차다. 태도가 정답지 않고 매우 차다.
ㄷ ㅂ ㅎ ㄷ	그 비율이 어느 정도 많다.
ㄷ ㅈ ㅎ ㄷ	가락이나 장단이 변화 없이 단일하다. 사물이 변화가 없다.
ㄷ ㄱ ㄷ	거리낌이나 불만이 없어 마음이 흡족하다.
ㄷ ㄷ ㅎ ㄷ	꺼리거나 어려워하는 마음이 조금도 없이 야무지다.
ㅁ ㅈ ㅎ ㄷ	얄미울 정도로 쌀쌀맞고 인정이 없다.
ㅁ ㅉ ㄷ	하는 짓이나 모양이 격에 어울리지 않다. 어색하고 쑥스럽다.
ㅁ ㅈ ㄷ	마음씨나 기세가 몹시 매섭다. 참기 힘든 일을 견딜 만큼 억세다.
ㅁ ㄸ ㄷ	칼이나 송곳 끝이 날카롭지 못하다. 잘 깨닫지 못하고 둔하다.
ㅁ ㄹ ㅎ ㄷ	흥미 있는 일이 없어 심심하고 지루하다. 부끄럽고 겸연쩍다.
ㅁ ㅂ ㅂ ㅎ ㄷ	분별이 없다. 바르게 판단하거나 구별하지 못하다.
ㅁ ㅅ ㅎ ㄷ	겸연쩍고 부끄럽다. 본래의 특색이 없이 보잘것없다.
ㅁ ㅇ ㅎ ㄷ	수줍거나 창피하여 볼 낯이 없다.
ㅂ ㅈ ㅎ ㄷ	인정이 없고 쌀쌀하다.

	설명
ㅂ ㅂ ㅎ ㄷ	울퉁불퉁한 데 없이 고르고 반듯하다. 얌전하고 예쁘장하다.
ㅂ ㄷ ㅎ ㄷ	규모나 양이 매우 크거나 많다.
ㅂ ㅅ ㅎ ㄷ	급하게 서두르거나 시끄럽게 떠들어 어수선하다.
ㅂ ㅂ ㅎ ㄷ	보통 수준보다 훨씬 뛰어나다.
ㅂ ㅊ ㅎ ㄷ	지위나 신분이 낮고 천하다.
ㅅ ㅁ ㅎ ㄷ	쓸쓸하고 막막하다.
ㅅ ㅂ ㄹ ㅎ ㄷ	좀 볼록하게 도드라져 있다.
ㅅ ㄹ ㅎ ㄷ	마음이 어수선하다.
ㅅ ㅍ ㅎ ㄷ	사람이나 물건 따위가 보기에 매우 실하다.
ㅅ ㅅ ㅎ ㄷ	믿음직하고 착실하다.
ㅅ ㅅ ㅎ ㄷ	친숙하지 못하고 낯설다. 익숙하지 못하고 서투르다.
ㅇ ㅆ ㅎ ㄷ	매운맛이나 독한 냄새 따위로 코 속이나 혀끝이 알알하다.
ㅇ ㅍ ㅈ ㄷ	몸은 작아도 힘차고 다부지다.
ㅇ ㅅ ㅎ ㄷ	쌀쌀맞고 인정 없는 행동이 섭섭하게 여겨져 언짢다.

어휘 확인

문장의 빈칸에 적절한 낱말을 찾아 쓰세요.

모질다 무디다 암팡지다 겸허하다 무안하다
박절하다 고상하다 비천하다 생소하다 감때사납다

① 그는 선거 결과를 (　　　　　) 받아들이고 승복하겠다고 밝혔다.

② 그는 지각을 했는데도 (　　　　　) 기색 없이 생글거리며 교실로 들어왔다.

③ 그는 비록 (　　　　　) 태어났지만 출중한 능력으로 한 나라의 재상까지 되었다.

④ 이번 기회에 마음을 (　　　　　) 먹고 그 친구들과 관계를 끊어라.

⑤ 칼이 (　　　　　) 잘 썰어지지가 않네.

⑥ 그 사이 세상이 너무 변했는지 길이 (　　　　　) 어디가 어딘지 알 수 없었다.

⑦ 그는 창을 들고 지나가는 어린 아이를 붙잡아 거칠고 (　　　　　) 물었다.

⑧ 꼬마는 몸집 큰 성인 남자가 다그치는데도 (　　　　　) 대꾸를 했다.

⑨ 그가 무릎까지 꿇고 사정하는데 주인은 (　　　　　) 뿌리쳤다.

⑩ 거실 벽에 명화를 걸어놓으니 전체적으로 (　　　　　) 분위기가 풍긴다.

고깝다 멋쩍다 기박하다 길쑴하다 냉랭하다
다분하다 단조하다 당돌하다 매정하다 소보록하다

⑪ 그는 옆모습이 (　　　　　) 잘 생긴 얼굴이었다.

⑫ 마당 위에 쌓인 눈이 (　　　　　).

⑬ 나는 높고 낮음이 없는 (　　　　　) 음악을 들으면 졸려.

⑭ 반이 달라졌다고 갑자기 나를 모른 체하는 것이 (　　　　　) 생각이 들었다.

⑮ 그는 대중 앞에 서는 것이 아직은 어색한지 (　　　　　) 웃음을 보였다.

⑯ 옛날 사람들은 팔자가 (　　　　　) 사람들이 스님이 된다고 생각했다.

⑰ 아주 큰 마음을 먹고 형님을 찾아가 부탁했는데 (　　　　　) 거절당했다.

⑱ 바깥 날씨는 많이 풀렸지만 방 안은 한결같이 (　　　　　).

⑲ 문제가 근본적으로 해결되지 않으면 같은 일이 재발할 소지가 (　　　　　).

⑳ 그는 신참이었지만 (　　　　　) 정도로 야무지게 일했다.

달갑다　난하다　곰살궂다　무색하다　계면쩍다
고단하다　반반하다　비범하다　알싸하다　무분별하다

㉑ 미나는 학교에서 복수를 마주 대하기가 (　　　　　) 멀리서라도 보이면 얼른 피했다.

㉒ 이 바위가 널찍하고 (　　　　　) 돗자리 깔고 앉기에 안성맞춤이다.

㉓ 장군은 어렸을 때부터 능력이 (　　　　　) 대감의 기대를 한몸에 받았다.

㉔ 그가 도지사가 되고 난 후 (　　　　　) 지역 개발로 도민의 원성이 높다.

㉕ 결혼식에 입고 갈 옷으로는 색깔이 너무 (　　　　　).

㉖ 동생은 할머니, 할아버지에게 (　　　　　) 굴어서 귀여움을 독차지한다.

㉗ 외할머니는 아버지가 마음에 들지 않았는지 나의 애교도 (　　　　　) 여기지 않았다.

㉘ 생마늘을 먹었더니 입안이 (　　　　　).

㉙ 그는 좋아하는 아이 앞에서 넘어지자 (　　　　　) 어쩔 줄 몰라 했다.

㉚ 그녀는 남편을 잃고 어린 자식을 홀로 키우면서 하루하루가 매우 (　　　　　).

무료하다　부산하다　삭막하다　심란하다　고심하다
과년하다　실팍하다　방대하다　신실하다　야속하다

㉛ 김 교사는 쉬는 시간에 학생 생활 지도를 어떻게 해야 할지 (　　　　　).

㉜ 고구려는 우리나라 역사상 가장 (　　　　　) 영토를 자랑한다.

㉝ 사람들이 다 떠나버린 마을은 빈 들판처럼 (　　　　　).

㉞ 아직 새끼 고양이인데도 몸집이 (　　　　　).

㉟ 그는 교회에서 (　　　　　) 신앙 생활의 모범이 되었다.

㊱ 교실 안은 1학년 신입생과 학부모들로 매우 (　　　　　).

㊲ 그는 병상에 누워 있었지만 매일 친구들이 찾아와 (　　　　　) 않았다.

㊳ 그는 진심을 알아주지 않는 친구들이 (　　　　　) 느껴졌다.

㊴ 혼자 지내니 이 생각 저 생각으로 마음이 (　　　　　) 집중이 안 된다.

㊵ 가뜩이나 (　　　　　) 총각 처녀인데 한 살이라도 어릴 때 혼례를 올리는 게 좋겠다.

어휘활용

♣ 다음 밑줄 친 낱말 사용이 적절한지 판단해 보세요.

① 처음 보는데도 말을 걸어 주어 <u>고까운</u> 생각이 들었다. ➡ _____

② 늘 하던 일이라 <u>생소해서</u> 그런지 금방 끝나네. ➡ _____

♣ 다음 대화의 빈칸에 적절한 낱말을 넣어 보세요.

③ 👮 5반에 전학 온 애 봤어?

🐻 응. 얼굴이 (　　　　　) 생겨서 인기 좀 있겠더라.

👮 성격도 좋은지 반 아이들한테 (　　　　　) 굴어서 다들 좋아한대.

④ 🐻 무슨 걱정 있어? 표정이 왜 그래?

👮 다음주가 시험인데 공부를 하나도 못 해서 마음이 (　　　　　).

🐻 공부를 안 했으면 상황을 (　　　　　) 받아들이고 지금부터라도 열심히 해.

♣ 다음 낱말들 중 두 개 이상 활용하여 대화문을 만들어 보세요.

⑤

부산하다, 고심하다, 야속하다, 달갑다, 무색하다, 멋쩍다

Day 9 형용사, 관형사(어리숙하다~목가적)

일없다, 천하다, 단정적, 독자적, 좀되다, 조악하다, 칠칠하다, 어리숙하다,
억실억실하다, 을씨년스럽다, 모멸적, 낭만적, 유사하다, 적정하다,
용이하다, 절박하다, 쟁그랍다, 허무하다, 진귀하다, 억척스럽다, 관습적,
낙관적, 청승맞다, 육중하다, 원활하다, 허망하다, 호젓하다, 황망하다,
영험하다, 어수선하다, 경멸적, 목가적, 취약하다, 해괴하다, 탐스럽다,
하릴없다, 희붓하다, 역력하다, 유약하다, 가치지향적

어휘 Pick

어휘사전

뜻풀이를 읽고 그에 해당하는 낱말을 찾아 쓰세요.

ㅇㄹㅅㅎㄷ	겉모습이나 언행이 치밀하지 못해 순진하고 어리석은 데가 있다. 어수룩하다.
ㅇㅅㅅㅎㄷ	얽히고 뒤섞여 가지런하지 않고 마구 헝클어져 있다.
ㅇㅅㅇㅅㅎㄷ	얼굴 모양이나 생김새가 선이 굵고 시원시원하다.
ㅇㅊㅅㄹㄷ	어떤 어려움에도 굴하지 않고 모질고 끈덕지게 해나가다.
ㅇㄹㅎㄷ	자취나 기미, 기억 따위가 환히 알 수 있게 또렷하다.
ㅇㅎㅎㄷ	바람대로 되는 신기한 징험이 있다
ㅇㅇㅎㄷ	어렵지 않고 매우 쉽다.
ㅇㅎㅎㄷ	모난 데가 없고 원만하다. 거침이 없이 잘되어 나가다.

ㅇ ㅅ ㅎ ㄷ	서로 비슷하다.
ㅇ ㅇ ㅎ ㄷ	부드럽고 약하다.
ㅇ ㅈ ㅎ ㄷ	투박하고 무겁다.
ㅇ ㅆ ㄴ ㅅ ㄹ ㄷ	날씨나 분위기가 몹시 스산하고 쓸쓸한 데가 있다.
ㅇ ㅇ ㄷ	소용이 없다. 걱정할 필요가 없다.
ㅈ ㄱ ㄹ ㄷ	보거나 듣기에 소름이 끼칠 정도로 조금 흉하거나 끔찍하다.
ㅈ ㅈ ㅎ ㄷ	정도가 알맞고 바르다.
ㅈ ㅂ ㅎ ㄷ	어떤 일이나 때가 가까이 닥쳐서 몹시 급하다.
ㅈ ㅇ ㅎ ㄷ	거칠고 나쁘다.
ㅊ ㄷ ㄷ	사람의 됨됨이나 언행이 너무 치사스럽고 잘다.
ㅈ ㄱ ㅎ ㄷ	보배롭고 보기 드물게 귀하다.
ㅊ ㅎ ㄷ	지위가 낮다. 너무 흔해서 귀하지 않다. 하는 짓이 고상하지 않다.
ㅊ ㅅ ㅁ ㄷ	궁상맞고 처량하여 보기에 몹시 언짢다.
ㅊ ㅇ ㅎ ㄷ	무르고 약하다.
ㅊ ㅊ ㅎ ㄷ	너절하지 않고 단정하다. 일 처리가 반듯하고 야무지다.
ㅌ ㅅ ㄹ ㄷ	마음이 몹시 끌리도록 보기에 소담한 데가 있다.
ㅎ ㄹ ㅇ ㄷ	달리 어떻게 할 도리가 없거나 조금도 틀림이 없다.

ㅎ ㄱ ㅎ ㄷ	크게 놀랄 정도로 매우 괴이하고 야릇하다.
ㅎ ㅁ ㅎ ㄷ	거짓되고 망령되다. 어이없고 허무하다.
ㅎ ㅁ ㅎ ㄷ	무가치하고 무의미하게 느껴지다. 헛되다. 한심하다.
ㅎ ㅈ ㅎ ㄷ	후미져서 고요하다. 매우 홀가분하여 쓸쓸하고 외롭다.
ㅎ ㅁ ㅎ ㄷ	마음이 몹시 급하여 당황하고 허둥지둥하는 면이 있다.
ㅎ ㅂ ㅎ ㄷ	'희부옇다'의 방언. 희끄무레하게 부옇다.
ㄱ ㅊ ㅈ ㅎ ㅈ	무엇에 대한 가치를 중요하게 여기고 추구하는.
ㄱ ㅁ ㅈ	깔보아 업신여기는.
ㄱ ㅅ ㅈ	어떤 사회에서 오랫동안 지켜 내려온 관습에 따른.
ㄴ ㄱ ㅈ	세상을 밝고 희망적인 것으로 보는. 일이 잘되어 갈 것으로 여기는.
ㄴ ㅁ ㅊ	감상적이고 이상적으로 사물을 대하는.
ㄷ ㅈ ㅈ	딱 잘라서 판단하고 결정하는.
ㄷ ㅈ ㅈ	남에게 기대지 않고 혼자서 하는. 다른 것과 구별되는.
ㅁ ㅁ ㅈ	업신여기고 얕잡아 보는 느낌이 있는.
ㅁ ㄱ ㅈ	농촌처럼 소박하고 평화로우며 서정적인.

어휘확인

문장의 빈칸에 적절한 낱말을 찾아 쓰세요.

일없다 천하다 단정적 독자적 좀되다 조악하다
칠칠하다 어리숙하다 억실억실하다 을씨년스럽다

① 겉으로 순진하고 (   ) 보여도 얼마나 영민한지 몰라.

② 하늘이 어둡고 비까지 추적추적 내려 날이 한층 (   ).

③ 다 큰 사람이 (   ) 못하게 아직도 음식을 흘리고 먹니?

④ 그녀는 (   ) 가문에서 태어났지만 누구보다 고상하고 귀품 있는 귀부인이 되었다.

⑤ 그가 마치 범죄자인 것처럼 말하는 (   ) 보도에 그의 가족이 항의하였다.

⑥ 윤이의 크고 (   ) 눈에 눈물이 그렁그렁 맺혔다.

⑦ 그게 아무리 비싸도 나에게는 (   ).

⑧ 문화는 지역에 따라 고유의 특성을 갖는 (   ) 성격을 지닌다.

⑨ 인간이 너무 (   ) 속이 좁으면 주변에 친구가 없다.

⑩ 징용으로 끌려온 조선인들은 하루 두 끼의 (   ) 식사로 하루하루를 버텼다.

모멸적 낭만적 유사하다 적정하다 용이하다
절박하다 쟁그랍다 허무하다 진귀하다 억척스럽다

⑪ 이 공유기는 설치가 (   ) 것이 장점이다.

⑫ 모든 생명은 결국 죽는다는 생각에 이르자 그는 인생이 매우 (   ) 느껴졌다.

⑬ 그는 걸핏하면 아랫사람에게 (   ) 언사를 퍼붓는다.

⑭ 왕실 비밀 금고에는 (   ) 보물들이 가득했다.

⑮ 날파리 떼들이 몰려들어 귀가 (   ) 울렸다.

⑯ 두 사람은 가족처럼 외모와 성격이 모두 (   ).

⑰ 일찍 과부가 된 어머니는 우리 삼남매를 키우기 위해 (   ) 일하셨다.

⑱ 잃어버린 물건을 찾아준 사람에게는 (   ) 보상을 해 주어야 한다.

⑲ 그녀는 남녀 주인공의 사랑이 이루어지는 (   ) 소설을 좋아한다.

⑳ 그는 전쟁터에서 총탄이 빗발치는 (   ) 순간에 어머니를 떠올렸다.

관습적 낙관적 청승맞다 육중하다 원활하다
허망하다 호젓하다 황망하다 영험하다 어수선하다

㉑ 인간관계가 (   ) 어떤 조직에 들어가도 잘 적응할 수 있다.

㉒ '쾅' 하는 둔탁하고 (   ) 소리에 잠이 깼다.

㉓ 장군은 뜻을 이루지 못하고 (   ) 죽는 것이 너무 억울했다.

㉔ 남자가 하는 일, 여자가 하는 일을 구분하는 (   ) 편견에서 벗어나야 한다.

㉕ 방 안에는 여기저기 옷가지와 책들이 (   ) 널려져 있다.

㉖ 나를 보자마자 왜 왔는지 아는 걸 보면 그 무당은 소문대로 (   ).

㉗ 그는 (   ) 인생관을 가지고 있어서 좀처럼 절망하지 않는다.

㉘ 전쟁으로 남편과 아들을 모두 잃은 할머니는 (   ) 혼자 빈집을 지키고 있었다.

㉙ 무엇이 그리 급하다고 너는 꽃다운 나이에 그리 (   ) 떠났니?

㉚ 산속 깊은 데로 들어오니 (   ) 분위기에 절로 마음이 가라앉는다.

경멸적 목가적 취약하다 해괴하다 탐스럽다
하릴없다 희붓하다 역력하다 유약하다 가치 지향적

㉛ 5월이 되니 화단에 장미가 (   ) 피었다.

㉜ 가로등 불빛이 비쳐 방 안이 (   ) 밝다.

㉝ 마을 사람들은 오랜 친구를 일본 순사에게 밀고한 그에게 (   ) 시선을 보냈다.

㉞ 집안이 망한 당시 나는 (   ) 처지가 되어 버렸다.

㉟ 그는 성품이 (   ) 너무 쉽게 잘못을 용서해 버린다.

㊱ 오염 문제를 해결하기 위해서는 환경에 대한 (   ) 태도를 가져야 한다.

㊲ 이 음악을 들으면 마치 시골에 있는 것처럼 (   ) 전원 풍경이 떠올라.

㊳ 그가 사람이 아니라 귀신이라는 (   ) 소문이 마을에 돌았다.

㊴ 그 축구팀은 공격은 잘하는데 수비가 너무 (   ).

㊵ 시험 공부하느라 며칠째 밤을 샜는지 그의 얼굴에 피곤한 기색이 (   ).

어휘활용

♣ 다음 밑줄 친 낱말 사용이 적절한지 판단해 보세요.

① 그는 기차 시간이 <u>절박하여</u> 부모님께 작별 인사도 드리지 못하였다. ➡ _____

② 너는 기질이 <u>취약해서</u> 너무 쉽게 좌절해. ➡ _____

♣ 다음 대화의 빈칸에 적절한 낱말을 넣어 보세요.

③ 😠 이번에 우리 팀이 떨어지면 결국 팀이 해체될 게 분명해요.

🐻 그렇게 (   )으로 말할 수는 없어요. 다시 기회가 주어질 거예요.

😠 당신은 지나치게 (   )이시군요.

④ 🐻 기말고사가 끝나니까 교실이 너무 시끌시끌한 것 같아.

😠 그러게. 수업 시간에도 다들 집중 못 하고 (   ).

🐻 선생님도 속에서 열불이 나는지 얼굴에 짜증난 기색이 (   ).

♣ 다음 낱말들 중 두 개 이상 활용하여 대화문을 만들어 보세요.

⑤

낭만적, 해괴하다, 허무하다, 하릴없다, 청승맞다, 을씨년스럽다

Day 10 관형사, 부사(범세계적~힝허케)

당최, 속히, 돌연, 보수적, 선연히, 통속적, 포괄적, 회상적, 곰비임비, 애면글면, 사뭇, 도시, 시방, 치명적, 숙명적, 애상적, 보편적, 공연히, 아슴푸레, 범세계적, 유독, 입때, 적이, 힝허케, 봉건적, 직설적, 이타적, 충동적, 애오라지, 비슬비슬, 암만, 좋이, 허투루, 홀연히, 월등히, 이국적, 넌지시, 대관절, 애지중지, 걱실걱실히

어휘사전

뜻풀이를 읽고 그에 해당하는 낱말을 찾아 쓰세요.

ㅂ ㅅ ㄱ ㅈ	널리 온 세계에 다 관계되는.
ㅂ ㅅ ㅈ	새로운 것이나 변화를 반대하고 전통적인 것을 옹호·유지하려는.
ㅂ ㅍ ㅈ	두루 널리 미치는. 모든 것에 공통되거나 들어맞는.
ㅂ ㄱ ㅈ	봉건 제도 특유의 성격을 가지고 있는. 신분제도가 있었던 전통 사회의 속성을 띠는.
ㅅ ㅁ ㅈ	이미 정해진 운명에 의한.
ㅇ ㅅ ㅈ	슬퍼하거나 가슴 아파하는.
ㅇ ㄱ ㅈ	자기 나라가 아닌 다른 나라의 특징을 보이는.
ㅇ ㅌ ㅈ	자기의 이익보다 다른 이의 이익을 더 꾀하는. ↔ 이기적.
ㅈ ㅅ ㅈ	바른대로 말하는.

ㅊ ㄷ ㅈ	마음속에서 어떤 욕구 같은 것이 갑작스럽게 일어나는.
ㅊ ㅁ ㅈ	생명을 위협하는. 일의 성패에 결정적으로 영향을 주는.
ㅌ ㅅ ㅈ	세상에 널리 통하는. 비전문적이고 대체로 저속한.
ㅍ ㄱ ㅈ	일정한 대상이나 현상을 어떤 범위나 한계 안에 모두 끌어넣는.
ㅎ ㅅ ㅈ	지난 일을 돌이켜 생각하는.
ㄱ ㅅ ㄱ ㅅ ㅎ	성질이 너그러워 말과 행동을 시원스럽게 하는 모양.
ㄱ ㅂ ㅇ ㅂ	물건이 거듭 쌓이거나 일이 계속 일어나는 모양.
ㄱ ㅇ ㅎ	아무 까닭이나 실속이 없게.
ㄴ ㅈ ㅅ	드러나지 않게 가만히.
ㄷ ㄱ ㅈ	여러 말 할 것 없이 요점만 말하건대.
ㄷ ㅊ	도무지. 영.
ㄷ ㅅ	아무리 해도. 이러니 저러니 할 것 없이 아주. 도무지.
ㄷ ㅇ	예기치 못한 사이에 급히. 갑자기.
ㅂ ㅅ ㅂ ㅅ	자꾸 힘없이 비틀거리는 모양.
ㅅ ㅁ	거리낌 없이 마구. 아주 딴판으로. 마음에 사무치도록 매우.
ㅅ ㅇ ㅎ	실제로 보는 것같이 생생하게.
ㅅ ㅎ	꽤 빠르게.

ㅅ ㅂ	지금. 말하는 바로 이때.
ㅇ ㅅ ㅍ ㄹ	조금 어둑하고 희미한 모양. 어슴푸레.
ㅇ ㅁ	아무리.
ㅇ ㅁ ㄱ ㅁ	약한 힘으로 무엇을 이루려고 온갖 힘을 다하는 모양.
ㅇ ㅇ ㄹ ㅈ	겨우. 오로지.
ㅇ ㅈ ㅊ ㅊ	매우 사랑하고 소중히 여기는 모양.
ㅇ ㄷ ㅎ	수준이 정도 이상으로 뛰어나게.
ㅇ ㄷ	많은 것 가운데 홀로 두드러지게.
ㅇ ㄸ	지금까지. 여태.
ㅈ ㅇ	꽤 어지간한 정도로.
ㅈ ㅇ	마음에 들게. 어느 한도에 미칠 만하게.
ㅎ ㅌ ㄹ	아무렇게나 되는 대로.
ㅎ ㅇ ㅎ	뜻하지 않게 갑자기.
ㅎ ㅎ ㅋ	지체하지 않고 아주 빠르게 가는 모양.

어휘확인

문장의 빈칸에 적절한 낱말을 찾아 쓰세요.

당최   속히   돌연   보수적   선연히   통속적   포괄적   회상적   곰비임비   애면글면

① 당시 사회는 매우 ( )이라서 여자는 짧은 치마를 입을 수 없었다.

② 어린 시절 가지고 놀던 곰돌이 인형이 지금도 ( ) 떠오른다.

③ 대중은 심각한 사회소설보다 ( ) 연애소설을 더 즐겨 읽는다.

④ 그는 집에 돌아와 그 동안 ( ) 어렵게 모은 도자기를 모두 부수었다.

⑤ 이 소설은 어린 시절의 경험을 말해 주는 듯하여 ( ) 성격이 강하다.

⑥ 무슨 말인지 ( ) 모르겠소.

⑦ 병일은 가만히 앉아 듣기만 하며 ( ) 귤을 까먹었다.

⑧ 학교가 끝나는 대로 병원으로 ( ) 와야 한다.

⑨ 내용이 너무 ( )이어서 구체적으로 하고 싶은 말이 무엇인지 모르겠다.

⑩ 하얀 찔레꽃을 보자 그는 ( ) 가슴속에 슬픔이 밀려왔다.

사뭇   도시   시방   치명적   숙명적   애상적   보편적   공연히   아슴푸레   범세계적

⑪ '효'는 전통 사회에서 ( ) 가치였다.

⑫ 쟈네가 ( ) 살고 있는 곳이 어딘가?

⑬ 바람 소리 사이로 산짐승의 울음이 ( ) 들려온다.

⑭ 주인은 젊은 손님들이 왁자하게 수다를 떨자 ( ) 트집을 잡아 쫓아냈다.

⑮ WTO 세계무역기구는 ( ) 단체이다.

⑯ 아버지는 술만 들이킬 뿐 ( ) 말을 하지 않았다.

⑰ 억울한 고문과 열악한 감옥 생활은 그에게 ( ) 타격을 주었다.

⑱ 그 그림은 내가 생각했던 것과 ( ) 달랐다.

⑲ 이 시는 이별한 임을 몹시 그리워하며 슬퍼하는 ( ) 정서가 느껴진다.

⑳ 로미오와 줄리엣의 사랑은 그야말로 ( ) 사랑이라고 할 수 있다.

유독 입때 적이 휑허게 봉건적 직설적 이타적 충동적 애오라지 비슬비슬

㉑ 아들을 꼭 낳아야 한다는 남아선호사상은 (   ) 사고방식이다.

㉒ 주머니엔 (   ) 100원짜리 동전 두 개뿐이다.

㉓ 어머니는 나의 성격을 (   )으로 비판하였다.

㉔ 모두 가겠다고 하는데 왜 너만 (   ) 싫다고 하니?

㉕ 너무 화가 나서 나도 모르게 (   )으로 주먹이 나갔다.

㉖ 온다고 한 날이 한 달이 지났는데 (   ) 소식이 없네.

㉗ 술 두어 잔에 취했는지 그는 제대로 몸을 가누지 못하고 (   ) 걸었다.

㉘ 한눈 팔지 말고 (   ) 다녀오너라.

㉙ 머리가 짧아 남자아이인 줄 알았는데 여자아이라서 (   ) 당황했다.

㉚ 그는 나보다 남을 위하는 (   ) 성향이 강하다.

암만 좋이 허투루 홀연히 월등히 이국적
넌지시 대관절 애지중지 걱실걱실히

㉛ 제주도는 한국인데도 불구하고 기후와 식생이 육지와 달라서 (   ) 정취가 느껴진다.

㉜ 그녀는 입양한 길고양이를 (   ) 정성을 다하여 보살폈다.

㉝ 그는 국회의원 선거에 나가고 싶다는 뜻을 (   ) 비쳤다.

㉞ (   ) 할아버님은 왜 저렇게 화를 내시는 것인가?

㉟ (   ) 심사위원이라도 청중을 무시하는 법은 없지.

㊱ 그 친구 앞에서는 이상하게 말 한 마디도 (   ) 할 수 없었다.

㊲ 나도 한때는 그가 (   ) 일 잘하고 성격 좋은 청년인 줄만 알았다.

㊳ 그는 온다는 연락도 없이 떠날 때처럼 (   ) 내 앞에 나타났다.

㊴ 학교까지는 걸어서 삼십 리는 (   ) 걸리겠다.

㊵ 그는 성적이 (   ) 좋아서 등록금을 전액 면제받았다.

어휘활용

♣ 다음 밑줄 친 낱말 사용이 적절한지 판단해 보세요.

① 여름에 눈이 내리는 건 <u>보편적인</u> 현상이다. ➡ _____

② 바다가 구름과 안개 속으로 <u>선연히</u> 가물거렸다. ➡ _____

♣ 다음 대화의 빈칸에 적절한 낱말을 넣어 보세요.

③ 학생이 화장을 하다니… 학교에서 금지해야 하는 거 아냐?

무슨 조선시대에서 왔니? 생각이 너무 (   )이다.

한 번 허용되면 (   ) 더 많은 걸 요구하니까 그렇지.

④ 참, 지난주에 여자 친구한테 사과한 건 어떻게 됐어?

아휴, (   ) 잘못했다고 사과해도 받아주지 않아.

네가 (   ) 잘못을 한 모양이네.

♣ 다음 낱말들 중 두 개 이상 활용하여 대화문을 만들어 보세요.

⑤
   돌연, 사뭇, 공연히, 넌지시, 유독, 허투루

Day 11

시사·과학 어휘(공유경제~환경 불평등)

학명, 관계망, 박물학, 공유경제, 백색소음, 공정여행, 사물인터넷,
모바일페이, 호모에코노미쿠스, 융합, 데시벨, 백색광, 공정무역, 빅데이터,
생리학, 환경불평등, 탄소발자국, 사회관계망서비스, 상용화, 알파파,
병원균, 인공지능, 유해물질, 윤리경영, 대기전력, 전자폐기물,
체감경제고통지수, 베타파, 단열재, 트라우마, 페미니즘, 착한 소비,
에어포켓, 생체인식, 이미지마케팅, 신재생에너지, 인플루언서

어휘사전

뜻풀이를 읽고 그에 해당하는 낱말을 찾아 쓰세요.

ㄱ ㅇ ㄱ ㅈ	물품을 소유하지 않고 서로 빌려 주고 빌려 쓰는 경제 활동.
ㄱ ㅈ ㅁ ㅇ	개발노상국 생산자에게 정당한 대가를 지불하는 무역.
ㄱ ㅈ ㅇ ㅎ	환경을 파괴하지 않고 현지인들에게도 유익을 주는 여행.
ㄱ ㄱ ㅁ	자료, 기술, 지식이나 연락 등을 공유하는 조직이나 사람들이 서로 연관되어 그물처럼 얽혀 있는 관계.
ㄷ ㅇ ㅈ	보온을 하거나 열을 차단할 목적으로 쓰는 재료.
ㄷ ㄱ ㅈ ㄹ	가전제품을 실제로 사용하지 않는 동안 플러그를 콘센트에 꽂아 두어 낭비되는 전력.
ㄷ ㅅ ㅂ	소리의 상대적인 크기, 즉 소리의 세기를 나타내는 단위.
ㅁ ㅂ ㅇ ㅍ ㅇ	휴대폰을 이용한 간편 결제 서비스.
ㅂ ㅁ ㅎ	동물, 식물, 광물 등 자연물에 대해 연구하는 학문.

ㅂ ㅅ ㅅ ㅇ	편안한 느낌을 주거나 집중이 잘 되도록 도와주는 소음.
ㅂ ㅅ ㄱ	여러 가지 색깔의 빛이 합쳐져 하얗고 투명하게 보이는 빛.
ㅂ ㅌ ㅍ	주파수가 14~30Hz인 불규칙적인 뇌파.
ㅂ ㅇ ㄱ	생물에 병을 일으킬 수 있는 능력을 가진 세균.
ㅂ ㄷ ㅇ ㅌ	디지털 환경에서 생성되는 데이터로, 방대하고, 변화 속도가 빠르며, 속성이 매우 다양한 데이터.
ㅅ ㅁ ㅇ ㅌ ㄴ	사물과 사물이 인터넷으로 연결되어 서로 정보를 주고받는 환경.
ㅅ ㅎ ㄱ ㄱ ㅁ ㅅ ㅂ ㅅ	특정한 관심이나 활동을 공유하는 사람들 사이의 관계망을 구축해 주는 온라인 서비스. SNS.
ㅅ ㅇ ㅎ	서비스나 상품이 판매되는 것.
ㅅ ㄹ ㅎ	신체의 조직이나 기능을 연구하는 학문.
ㅅ ㅊ ㅇ ㅅ	개개인의 생체 정보(지문, 각막, 음성 따위)를 추출하여 그것으로 사람을 식별하는 것.
ㅅ ㅈ ㅅ ㅇ ㄴ ㅈ	재활용하거나 재생 가능한 에너지를 변환시켜 이용하는 에너지. 태양 에너지, 지열 에너지, 바이오 에너지 등.
ㅇ ㅍ ㅍ	주파수가 8~13Hz인 규칙적인 뇌파.
ㅇ ㅇ ㅍ ㅋ	액체나 기체의 흐름을 막는 각종 공기주머니.
ㅇ ㅎ ㅁ ㅈ	건강이나 생활환경에 치명적 해를 입힐 수 있는 물질.
ㅇ ㄹ ㄱ ㅇ	기업이 단순히 이윤이 아니라 가치 있는 목표를 추구하기 위해 투명하고 공정하고 합리적으로 회사를 경영하는 정신.

ㅇ ㅎ	과학, 수학, 기술, 예술 등 각 분야의 경계를 허물고 서로 합쳐지는 것.
ㅇ ㅁ ㅈ ㅁ ㅋ ㅌ	상품의 기능이나 실제 모습보다 대중이 좋아할 만한 그럴 듯한 주관적 이미지를 활용한 마케팅.
ㅇ ㄱ ㅈ ㄴ	컴퓨터가 인간처럼 생각하여 스스로 행동하도록 만드는 기술.
ㅇ ㅍ ㄹ ㅇ ㅅ	SNS에서 수만 명에서 수십 만명에 달하는 많은 구독자를 통해 대중에게 영향력을 미치는 이들.
ㅈ ㅈ ㅍ ㄱ ㅁ	낡거나 수명이 다해서 팔거나 버린 전기 · 전자제품.
ㅊ ㅎ ㅅ ㅂ	환경과 사회에 미치는 영향까지 생각하는 소비.
ㅊ ㄱ ㄱ ㅈ ㄱ ㅌ ㅈ ㅅ	국민들이 느끼는 경제적 어려움을 수치화한 것.
ㅌ ㅅ ㅂ ㅈ ㄱ	우리의 모든 생활에서 발생시키는 이산화탄소의 배출량.
ㅌ ㄹ ㅇ ㅁ	과거 강력한 정신적 충격으로 인해 발생하는 심리적 불안.
ㅎ ㅁ	생물의 분류에 붙여진, 세계 공통의 학술적인 명칭.
ㅍ ㅁ ㄴ ㅈ	여성의 권리 및 기회의 평등을 주장하는 사상과 운동.
ㅎ ㅁ ㅇ ㅋ ㄴ ㅁ ㅋ ㅅ	합리적 소비를 추구하는 소비자.
ㅎ ㄱ ㅂ ㅍ ㄷ	환경을 매개로 특정 사회계층이 겪는 불평등.

어휘확인

문장의 빈칸에 적절한 낱말을 찾아 쓰세요.

학명 관계망 박물학 공유경제 백색소음
공정여행 사물인터넷 모바일페이 호모에코노미쿠스

① 자신의 자가용으로 택시 서비스를 제공하는 것은 일종의 (   )이다.

② (   ) 시대가 오면 냉장고가 오늘 사야 할 먹거리를 알려 줄 것이다.

③ (   )는 싸다고 무조건 구입하지 않고 원재료, 가격, 질, 윤리성 등을 두루 따지는 사람들이다.

④ (   )은 여행 간 나라의 국민들에게도 직접적 도움을 주기 때문에 착한 여행이다.

⑤ 인터넷의 발달은 사람들 사이의 (   )을 더욱 넓혀 주었다.

⑥ 앞으로는 현금이나 신용카드 대신 앱을 이용한 (   )가 더 많이 이용될 것이다.

⑦ 생물의 이름은 두 가지인데, 국내에서 쓰이는 국명과 세계 공통적으로 쓰이는 (   )이다.

⑧ 비 오는 소리, 파도치는 소리는 마음을 편안하게 해 주는 일종의 (   )이다.

⑨ 찰스 다윈은 생물학자로 알려져 있지만 동물학, 식물학, 광물학, 지질학을 통틀어 연구하는 (   )자이다.

융합 데시벨 백색광 공정무역 빅데이터
생리학 환경불평등 탄소발자국 사회관계망서비스

⑩ 초콜릿을 사먹을 때는 (   )으로 얻은 카카오 열매로 만들어졌는지 확인한다.

⑪ (   )를 이용하면 온라인상에서 새롭게 인맥을 형성할 수 있다.

⑫ (   )적 관점에서 보면 인간 행동은 뇌와 신경계의 작용에 의해서 이루어지는 것이다.

⑬ 정상적인 귀로 들을 수 있는 가장 작은 소리를 0 (   )로 정하였다.

⑭ (   )은 프리즘을 통과시키면 여러 가지 색의 빛으로 나누어진다.

⑮ 스팀(STEAM) 교육은 자연 과학을 중심으로 예술, 수학 등이 접목된 (   ) 교육이다.

⑯ 디지털 환경에서 (   )를 이용한 분석이 주목을 받고 있다.

⑰ 오염 물질을 내보내는 공장이 저소득층이 밀집한 지역에 세워짐으로써 (   )이 발생한다.

⑱ 수입 식품은 운반 과정에서 많은 이산화탄소가 배출되므로 (   )이 크다.

상용화 알파파 병원균 인공지능 유해물질
윤리경영 대기전력 전자폐기물 체감경제고통지수

⑲ 전자제품을 사용하지 않을 때는 꼭 플러그를 빼서 (   )이 낭비되지 않게 해야 한다.

⑳ 학용품을 살 때는 납, 크롬, 카드뮴 등의 (   ) 포함 여부를 따져 봐야 한다.

㉑ 최근 (   ) 의 도입은 기업의 사회적 책임에 대한 요구를 반영한 결정이다.

㉒ 그 게임은 3개월 동안 무료로 제공되었다가 지난주 (   )되었다.

㉓ 국민총생산량이 늘어도 물가가 오르고 실업률이 높아지면 국민들의 (   )가 증가한다.

㉔ 명상을 하면 규칙적인 뇌파인 (   )가 우세하게 나타난다.

㉕ 운동을 꾸준히 해서 (   )에 저항하는 힘, 곧 면역력을 길러야 한다.

㉖ 과학기술이 더 발전하면 사람보다 똑똑한 (   ) 로봇이 나타날지 모른다.

㉗ 버려진 컴퓨터나 휴대폰 같은 (   )은 중금속 오염을 일으킨다.

베타파 단열재 트라우마 페미니즘 착한 소비 인플루언서
에어포켓 생체인식 이미지마케팅 신재생에너지

㉘ 그는 배가 침몰했을 때 조타실 안에 형성된 (   ) 덕분에 목숨을 건졌다

㉙ 요즘 스마트폰에는 지문으로 로그인하는 (   ) 기능이 있다.

㉚ 그녀는 물건 하나를 사더라도 원산지와 회사를 꼼꼼히 따져 (   )를 한다.

㉛ 천장과 벽에 (   )를 설치해야 겨울에는 따뜻하고 여름에는 시원하다.

㉜ 흥분하거나 특정한 과제에 집중할 때는 불규칙한 뇌파인 (   )가 우세하게 나타난다.

㉝ (   )는 환경오염을 줄이고 지속적으로 이용할 수 있는 미래형 에너지이다.

㉞ 연예인들도 대중의 호감을 유도하기 위해 SNS를 통한 (   )을 많이 한다.

㉟ (   )의 관점에서 세상을 보면 여전히 남녀 차별이 심하다.

㊱ 그는 전쟁을 겪고 난 후 (   )가 생겨 작은 물건이 떨어지는 소리에도 공포에 떨었다.

㊲ 그녀는 패션 (   )로서 젊은 여성들의 스타일에 많은 영감을 주었다.

♣ 다음 밑줄 친 낱말 사용이 적절한지 판단해 보세요.

① 그 기업은 신제품을 홍보하기 위해 출시 전에 <u>상용화</u>를 하였다. ➡ _____

② 각 학문의 고유성을 지키기 위해 <u>융합</u> 연구를 해야 한다. ➡ _____

♣ 다음 대화의 빈칸에 적절한 낱말을 넣어 보세요.

③ 😎 새 신발이네. 못 보던 브랜드다.

🐻 응. 개발도상국 아이들에게 제 값을 주는 (   )으로 만든 신발이야.

😎 다른 나라 아이들까지 생각하다니… 말로만 듣던 (   )를 했구나.

④ 🐻 아직까지 남자들이 여자들을 함부로 대하고 차별하는 것 같아.

😎 (   )의 시각에서만 그렇지 실제로는 여자들이 얼마나 강한데!

🐻 지난 번 여자 친구한테 차여서 여자에 대한 (   )가 있는 거 아냐?

♣ 다음 낱말들 중 두 개 이상 활용하여 대화문을 만들어 보세요.

⑤

인공지능, 빅데이터, 사물인터넷, 환경불평등, 호모에코노미쿠스

Day 12 사회·시대상 어휘(가부장제~피란민)

소작, 비준, 순사, 다문화, 신작로, 고령화, 귀환동포, 기성세대, 물질숭배,
마름, 배재, 외화, 익명성, 피란민, 월사금, 금융위기, 가부장제, 도지(賭地),
보석, 윤선, 읍내, 예배당, 요충지, 식모아이, 상업주의, 불고지죄,
인간성 상실, 통금, 대목, 도가, 농번기, 인민군, 자유연애, 장돌뱅이,
서열주의, 이중언어사용

어휘사전

뜻풀이를 읽고 그에 해당하는 낱말을 찾아 쓰세요.

ㄱ ㅂ ㅈ ㅈ	가장인 남성이 강력한 가장권을 가지고 가족구성원을 통솔하는 가족 형태.
ㄱ ㄹ ㅎ	전제 인구에서 노년(65세 이상) 인구의 비율이 높아 가는 현상.
ㄱ ㅎ ㄷ ㅍ	일제 강점기 때 해외로 나갔다가 해방 후 귀환한 동포.
ㄱ ㅇ ㅇ ㄱ	국내에 투자한 외국의 금융 자본이 대규모로 빠져나가면서 갑작스런 외환 부족으로 인한 경제 위기.
ㄱ ㅅ ㅅ ㄷ	현재 사회를 이끌어 가는 나이가 든 세대.
ㄴ ㅂ ㄱ	농사일이 가장 바쁜 철.
ㄷ ㅁ ㅎ	한 사회 속에 서로 다른 여러 문화가 함께 있는 사회.
ㄷ ㅁ	명절을 앞두고 물건을 사고 파는 일이 가장 활발한 시기.

ㄷ ㄱ	동업자들이 모여서 계나 장사에 대해 의논하는 집.
ㄷ ㅈ	일정한 대가를 주고 빌려 쓰는 논밭이나 집터.
ㅁ ㅈ ㅅ ㅂ	경제적, 물질적 가치를 중시하여 종교처럼 숭배하는 태도.
ㅁ ㄹ	(일제 강점기 때) 지주를 대리하여 소작권을 관리하는 사람.
ㅂ ㅈ	마름과 소작인 사이에 교환한 소작권 위임 문서.
ㅅ ㅇ ㅈ ㅇ	지위나 나이를 기준으로 순서를 정하는 사고방식.
ㅅ ㅈ	농토가 없는 농민이 소작료를 내고 농지를 빌려 농사를 짓는 일.
ㅅ ㅅ	일제 강점기에 총독부가 둔, 가장 낮은 계급의 경찰관.
ㅅ ㅈ ㄹ	자동차가 다닐 수 있을 정도로 넓게 새로 낸 길.
ㅅ ㅁ ㅇ ㅇ	나이 어린 식모(남의 집에서 부엌일을 맡아 하는 여자).
ㅂ ㅅ	보증금을 받거나 보증인을 세우고 형사 피고인을 풀어 주는 일.
ㅂ ㄱ ㅈ ㅈ	법을 위반한 자를 알고 있으면서도 이를 수사 기관에 알리지 않으면 성립되는 범죄.
ㅂ ㅈ	헌법상의 조약 체결권자가 조약을 최종적으로 확인 및 동의하는 절차.
ㅅ ㅇ ㅈ ㅇ	무엇이든지 돈벌이의 대상으로 보는 이익 중심의 사고방식.

ㅇ ㅂ ㄷ	한국에 개신교가 들어온 초기에 '교회'를 일컫던 말.
ㅇ ㅎ	외국의 돈.
ㅇ ㅊ ㅈ	지형이 군사적으로 아주 중요한 곳.
ㅇ ㅅ ㄱ	예전에 초중등학교에 다달이 내던 수업료.
ㅇ ㅅ	증기기관으로 움직이는 배. '기선'의 옛말.
ㅇ ㄴ	시나 군에 속한 지방 행정 구역. 시장과 상업시설이 있는 마을.
ㅇ ㅈ ㅇ ㅇ ㅅ ㅇ	두 언어를 자유자재로 구사하는 것.
ㅇ ㅁ ㅅ	어떤 일을 한 사람이 누구인지 드러나지 않는 특성.
ㅇ ㄱ ㅅ ㅅ ㅅ	인간다운 속성을 잃어버리는 것.
ㅇ ㅁ ㄱ	보통 6·25 전쟁 당시 북한군을 일컬음.
ㅈ ㅇ ㅇ ㅇ	사회적 전통이나 관습에 얽매이지 않고 자유롭게 하는 연애.
ㅈ ㄷ ㅂ ㅇ	여러 장을 돌아다니면서 물건을 파는 장수.
ㅌ ㄱ	일정한 시간 동안 일반인이 거리를 지나다니거나 집 밖으로 나가는 것을 금지하는 일.
ㅍ ㄹ ㅁ	난리를 피하여 집을 떠나는 사람들.

어휘확인

문장의 빈칸에 적절한 낱말을 찾아 쓰세요.

소작 비준 순사 다문화 신작로 고령화 귀환동포 기성세대 물질숭배

① 의학의 발달과 식생활의 향상 등으로 평균 수명이 늘어남에 따라 (   ) 사회가 되었다.

② 그 단체는 해방 후 부산 지역으로 밀어닥친 (   )의 귀환과 구호를 담당하였다.

③ 세대 차이는 (   )와 신세대의 가치관 차이에서 비롯한 갈등이라고 할 수 있다.

④ 자본주의가 심화되면서 (   ) 현상이 더욱 뚜렷이 나타나고 있다.

⑤ 이번 조약은 국회의 (   )을 거쳐야 성립된다.

⑥ 10년 만에 고향에 돌아와 보니 논밭이 (   )가 되어 있었다.

⑦ (   ) 가족은 국적이나 민족, 문화가 다른 사람들로 구성된 가족이다.

⑧ 영신은 일본인 (   )에게 잡혀 주재소에 끌려갔다.

⑨ 가난한 농민들은 부자에게 땅을 빌려 (   )을 부쳐서 근근이 먹고 살았다.

마름 배재 외화 익명성 피란민 월사금 금융위기 가부장제 도지(賭地)

⑩ (   )을 제때 납부하지 못해 한 달 이상 밀린 학생이 절반이 넘었다.

⑪ 전통사회는 (   ) 사회라 무조건 아버지의 명령에 순종해야 했다.

⑫ 외국 자본이 갑작스럽게 빠져나가면 은행이 연달아 망하는 (   )가 닥친다.

⑬ 그는 강 씨를 찾아가 사정을 해 논 닷 마지기를 (   )로 얻었다.

⑭ (   )를 몰래 해외로 빼돌리려던 일당이 잡혔다.

⑮ 소작인들은 지주뿐만 아니라 그를 대신해 소작료를 받는 (   )에게도 수탈을 당했다.

⑯ 목숨을 붙여 살려 하는 전국의 (   )들이 모두 부산으로 모여들었다.

⑰ 사이버 공간에는 (   ) 뒤에 숨어서 말을 함부로 하는 사람들이 많다.

⑱ 우리는 점순네에서 (   )를 얻어 땅을 부치므로 일상 굽실거린다.

보석   윤선   읍내   예배당   요충지   식모아이   상업주의   불고지죄   인간성 상실

⑲ 언론이 사기업처럼 (   )만 추구하면 비판적 보도를 할 수 없다.

⑳ 독도는 군사적 (   )로서 동해를 수호하는 데 매우 중요한 곳이다.

㉑ 그 소설은 전쟁으로 인해 인간이 인간이기를 포기하는 (   ) 문제를 다룬다.

㉒ 6-70년대 도시의 중산층 가정에는 시골에서 올라온 (   )가 흔히 있었다.

㉓ 범죄자인 줄 모르고 신고하지 않은 건 (   )가 성립하지 않는다.

㉔ 영신은 학교 건물이 없어서 목사님의 배려로 (   )에서 한글을 가르쳤다.

㉕ 장날이면 진영 일대의 장사꾼들이 진영 (   )로 내려간다.

㉖ 큰 (   ) 옆에 작은 배 하나가 돛도 없이 붙어서 간다.

㉗ 기업의 대표들은 범죄를 저질러도 (   )으로 감옥에서 풀려나는 경우가 많다.

통금   대목   도가   농번기   인민군   자유연애   장돌뱅이   서열주의   이중언어사용

㉘ 6·25 전쟁 당시 마을 사람들이 (   )을 피해 동굴에서 숨어 지냈다고 한다.

㉙ 남녀가 유별하다는 보수적 사고가 여전했지만 젊은이들은 (   )를 꿈꾸었다.

㉚ 어려서 외국에 살면서 한국어도 같이 쓰면 (   )자가 될 수 있다.

㉛ 모내기철과 추수철은 농사일이 가장 바쁜 (   )이다.

㉜ 학생들 사이에서도 나이를 중요하게 여기는 (   )가 팽배해 있다.

㊱ 허생은 사십 평생을 이 장에서 저 장으로 떠도는 (   )의 삶을 살았다.

㉞ 네 시 (   ) 시간이 풀리자 거리의 모든 건물에서 사람들이 쏟아져 나왔다.

㉟ 설 (   )이라 시장은 사람들로 붐볐다.

㊱ 송도 상인들은 동업자끼리 뭉치고 서로 돕기 위해 (   )를 만들었다.

어휘활용

♣ 다음 밑줄 친 낱말 사용이 적절한지 판단해 보세요.

① 산불을 피해 쫓겨 온 피란민들이 우왕좌왕 붐비고 있다. ➡ _____

② 아이를 낳지 않는 고령화 문제가 심각해. ➡ _____

♣ 다음 대화의 빈칸에 적절한 낱말을 넣어 보세요.

③ 예전에는 우리나라가 한민족이라는 특성이 강했는데 지금은 아니야.

맞아. 여러 문화가 섞여 있는 (   ) 사회가 되었어.

그럼 언어도 최소 두 가지는 쓰는 (   )이 가능하니까 좋을 것 같아.

④ 우리 엄마 젊었을 때는 밤늦게 돌아다니면 안 되었대.

그때는 (   ) 시간이 있었지.

응. 그리고 할아버지가 완전 (   )적이어서 엄청 엄격했대.

♣ 다음 낱말들 중 두 개 이상 활용하여 대화문을 만들어 보세요.

⑤

기성세대, 서열주의, 순사, 신작로, 상업주의, 인간성 상실

Day 13

역사·문화 어휘(관찰사~환곡)

여래, 유교, 병조, 환곡, 윤회, 관찰사, 낙복지, 비변사, 병자호란, 군자, 유배, 문신, 변방, 표석, 사대부, 사랑채, 팝아트, 사족(士族), 봉당, 봉수, 속곳, 실학, 설주, 십장생, 조형성, 임진왜란, 천주교 박해, 남인, 대청, 처마, 호조, 아궁이, 아치형, 토신제, 적서차별, 반회장저고리

어휘 pick

어휘사전

뜻풀이를 읽고 그에 해당하는 낱말을 찾아 쓰세요.

ㄱ ㅊ ㅅ	조선시대 각 도에 파견되어 지방 통치의 책임을 맡았던 최고 벼슬.
ㄱ ㅈ	유교에서 도덕적으로 완성된 인격자를 일컫는 말.
ㄴ ㅂ ㅈ	과서에 떨어진 사람의 답안지.
ㄴ ㅇ	조선시대 붕당의 하나로 동인에서 갈라진 정파. 이황 계열의 사림.
ㄷ ㅊ	한옥에서 집채 가운데에 있는 넓은 마루.
ㅁ ㅅ	피부에 상처를 내고 물감을 들여 글씨, 그림, 무늬 등을 새기는 일.
ㅂ ㅎ ㅈ ㅈ ㄱ ㄹ	여자 저고리의 끝동·깃·고름만을 다른 색의 천을 대어 지은 저고리.
ㅂ ㅂ	중심지에서 멀리 떨어진 가장자리 지역.

ㅂ ㅈ ㅎ ㄹ	조선 인조 14년(1636)에 청나라가 침입한 난리. 조선이 신하로서 청나라를 섬길 것을 거부하자 청나라 태종이 20만 대군을 거느리고 침략함.
ㅂ ㅈ	조선시대 군사관계 업무를 총괄하던 중추적 기관.
ㅂ ㄷ	안방과 건넌방 사이의 마루 자리에 흙바닥을 그대로 둔 곳.
ㅂ ㅅ	횃불(봉)과 연기(수)로 전쟁 같은 급한 소식을 전하던 옛날 통신제도.
ㅂ ㅂ ㅅ	조선시대에 군사와 관련된 중요 업무를 의논해 결정하던 관청.
ㅅ ㄷ ㅂ	고려시대와 조선시대에 유학 공부를 한 학자 출신의 관리.
ㅅ ㄹ ㅊ	바깥주인(남편)이 주로 거처하면서 손님들을 접대하는 방. 사랑.
ㅅ ㅈ	조선시대 향촌사회에서 농민을 지배하던 계층.
ㅅ ㅊ	문짝을 끼워 달기 위하여 문의 양쪽에 세운 기둥. 문설주.
ㅅ ㄱ	조선시대 여자들이 안에 입던 속옷.
ㅅ ㅎ	조선 후기에 실생활의 유익을 목표로 등장한 새로운 학문 경향.
ㅅ ㅈ ㅅ	늙지 않고 죽지 않는다고 믿어지는 열 가지의 상징. 해, 산, 구름, 바위, 소나무, 물, 거북, 학, 사슴, 불로초.
ㅇ ㄱ ㅇ	방이나 솥 따위에 불을 때기 위하여 만든 구멍.
ㅇ ㅊ ㅎ	활과 같은 곡선으로 된 건축 형식.
ㅇ ㄹ	부처. 석가모니 부처님을 부르는 열 가지 이름 중 하나.

ㅇㄱ	옛날 중국 공자의 가르침에서 시작된 도덕 사상. 효와 충을 강조.
ㅇㅂ	죄인을 먼 곳으로 보내 그곳에서만 살게 하던 형벌.
ㅇㅈㅇㄹ	조선 선조 25년(1592)에 일본이 침입한 전쟁. 일본군은 7년 동안 두 차례에 걸쳐 침입하였으나 결국 패하고 돌아감.
ㅇㅎ	불교에서 모든 생명은 죽고 나서 다시 태어나 생이 반복된다고 하는 사상.
ㅈㅅㅊㅂ	조선시대, 정실부인의 아들은 우대하고 첩의 자식은 차별함.
ㅈㅎㅅ	조형 예술 작품이 지니고 있는 형식적인 특성.
ㅊㅈㄱㅂㅎ	조선 후기에 천주교 신자들을 탄압한 일.
ㅊㅁ	지붕이 외벽 밖으로 니온 부분.
ㅌㅅㅈ	집터를 지키거나 무덤을 관장하는 신에게 올리는 제사.
ㅍㅇㅌ	1950년대 후반에 미국에서 일어난 회화의 한 양식. 대중문화 및 생활 도구를 소재로 삼아 참신하고 혁신적으로 표현한 점이 특징.
ㅍㅅ	어떤 것을 표지하기 위하여 세우는 돌. 무덤 앞에 세우는 팻돌.
ㅎㅈ	조선시대, 세금과 예산에 관한 일을 맡아 한 중앙 관청.
ㅎㄱ	흉년이나 식량이 모자라는 봄에 관청에서 곡식을 빌려준 뒤 가을걷이 후에 이자를 붙여 갚도록 한 제도.

어휘확인

문장의 빈칸에 적절한 낱말을 찾아 쓰세요.

여래 유교 병조 환곡 윤회 관찰사 낙복지 비변사 병자호란

① (   )는 조선시대의 지방 장관으로서 지금으로 치면 도지사에 해당한다.

② 불교에서는 태어나고 죽는 일을 반복하는 (   )에서 벗어나야 대자유를 얻는다고 말한다.

③ 과거시험에 떨어진 사람이 쓴 시험지 (   )로 만든 누비옷으로 혹독한 겨울을 지냈다.

④ (   )이 일어나자 조선은 두 달간 저항을 했으나 결국 실패하여 임금이었던 인조가 삼전도에서 항복하고 만다.

⑤ 임금은 홍길동을 잡기 위해 국방부 장관에 해당하는 (   )판서를 제안하였다.

⑥ 임진왜란 후에는 (   )가 의정부를 제치고 나랏일 전반을 담당하였다.

⑦ 서산마애삼존불은 마애 (   ) 삼존상이라고 한다.

⑧ 우리나라는 (   ) 문화를 가지고 있어서 부모에 대한 효를 중요시한다.

⑨ 가난한 백성들을 돕기 위해 실시한 (   )이 조선 후기에는 오히려 백성들을 가장 괴롭히는 제도가 되었다.

군자 유배 문신 변방 표석 사대부 사랑채 팝아트 사족(士族)

⑩ 조선시대 (   ) 가문의 자손은 늘 몸가짐을 바르게 하고 글공부를 열심히 해야 했다.

⑪ 요즘 젊은이들은 몸에 다양한 (   )을 새겨 개성을 표현하기도 한다.

⑫ 한옥을 보면 남성들이 생활하는 (   )와 여성들이 지내는 안채로 나뉘어져 있다.

⑬ 앤디 위홀은 광고나 대중 스타를 소재로 창작활동을 한 대표적인 (   ) 예술가이다.

⑭ 유교에서는 인격적으로 성품이 어질고 학문적으로 지식이 높은 지성인을 (   )라고 한다.

⑮ 조선 후기 지방에서는 향촌 세력인 (   )의 영향력이 커져 향촌사회를 다스리는 자치권을 행사하였다.

⑯ 수양대군이 왕이 되자 조카인 단종을 강원도 영월로 (   ) 보냈다.

⑰ 무덤 앞에 (   )을 세워 죽은 사람이 누구인지 나타낸다.

⑱ 늘 대문을 걸어 잠그는 도시와는 달리 (   )촌 동네 같은 데는 이런 것에 거의 신경을 쓰지 않는다.

봉당 봉수 속곳 실학 설주 십장생 조형성 임진왜란 천주교 박해

⑲ 아무리 현대라 하지만 한복을 입을 때는 치마 안에 (   )을 입어야 한다.

⑳ 선조들은 건강하게 오래 살기를 바라는 마음에서 (   )을 그린 병풍을 방 안에 둘렀다.

㉑ 조선 후기 지배층은 천주교의 평등사상에 두려움을 느껴 (   )를 했을 것이다.

㉒ 문지방까지 기어가자 문(   )를 잡고 몸을 일으키려 안간힘을 썼다.

㉓ 옛날에는 전쟁이 일어나면 높은 산에 올라가 불을 피워 알리는 (   ) 제도가 있었다.

㉔ (   )이 일어나자 이순신 장군이 수군을 이끌고 서해와 남해 바다를 지켰다.

㉕ 노인은 (   )을 쓸고 마당을 쓸고 행길을 쓸어나갔다.

㉖ 정약용은 실용적인 학문인 (   ) 사상을 완성하였다.

㉗ 그리스 신전의 조각들은 (   )이 뛰어나다.

남인 대청 처마 호조 아궁이 아치형 토신제 적서차별 반회장저고리

㉘ 아침에 일어나면 얼른 (   )에 불을 때서 밥할 준비를 해야 했다.

㉙ 연두 (   )에 다홍치마를 받쳐 입은 색시가 수줍게 앉아 있었다.

㉚ 중세 유럽의 고딕 성당은 천장이 (   )이라 웅장하게 느껴진다.

㉛ 옛날에는 집안의 평안과 행운을 빌며 집터의 신에게 (   )를 올렸다.

㉜ 홍길동은 (   )로 인해 아버지를 아버지라고 부를 수 없었고 과거도 볼 수 없었다.

㉝ 갑작스런 소나기에 청년은 비를 피하기 위해 얼른 (   ) 밑으로 뛰어 들어갔다.

㉞ 정약용은 (   ) 출신의 학자이자 관료로 정조의 총애를 한몸에 받았다.

㉟ 할아버지는 여름이면 (   )으로 나와 부채를 부치며 더위를 물리셨다.

㊱ (   )는 세금과 예산에 관한 일을 맡아했다는 점에서 오늘날 기획재정부와 비슷하다.

어휘활용

♣ 다음 밑줄 친 낱말 사용이 적절한지 판단해 보세요.

① 조선시대에는 중앙에서 직접 지방에 <u>군자</u>를 파견해 다스리도록 했다. ➡ _____

② 조선시대에는 양반과 상민을 차별하는 <u>적서차별</u>이 심했다. ➡ _____

♣ 다음 대화의 빈칸에 적절한 낱말을 넣어 보세요.

③ 🧑 조선은 500년 동안 비교적 평화로웠는데 큰 전쟁이 있었어.

🐻 개국한 지 200년에 일본의 침입으로 (　　　　　)이 일어났지.

🧑 그리고 그 후 50년이 채 안 지났을 때 (　　　　　)이 일어났어.

④ 🐻 한옥은 여러 모로 운치가 있는 것 같아.

🧑 맞아. 비가 오면 (　　　　　) 끝에서 빗물 떨어지는 소리가 맑고 청량해.

🐻 (　　　　　)에서 책을 읽을 때는 새소리에 바람 소리까지 마음을 편하게 해.

♣ 다음 낱말들 중 두 개 이상 활용하여 대화문을 만들어 보세요.

⑤

　　　윤회, 여래, 속곳, 반회장저고리, 실학, 남인

Day 14 의미 연관 어휘(결제~환수)

전담, 채마밭, 부르주아, 프롤레타리아, 숙고, 자성, 통찰, 자각, 성찰, 지조,
절개, 호령, 호소, 호평, 혹평, 공복, 포만, 변질되다, 변형되다, 완공, 준공,
결제, 결재, 공유, 공감, 발표, 발행, 발언, 표현, 표출, 손상, 손해, 회수, 환수,
지지, 지탱, 평가, 감상, 감정, 비평, 판단

 **어휘사전** 뜻풀이를 읽고 그에 해당하는 낱말을 찾아 쓰세요.

ㄱ ㅈ	돈을 지불했음을 확인함.
ㄱ ㅈ	상관이 부하가 올린 문서를 승인함.
ㄱ ㅂ	배 속이 비어 있는 상태.
ㅍ ㅁ	넘치도록 가득함.
ㄱ ㅇ	두 사람 이상이 한 물건을 공동으로 소유함.
ㄱ ㄱ	남의 감정, 의견, 주장에 대해 자기도 그렇다고 느낌.
ㅂ ㅍ	어떤 사실이나 결과, 작품을 널리 드러내어 알림.
ㅂ ㅎ	책, 복권, 화폐, 증명서 등 출판물이나 인쇄물을 세상에 내놓음.
ㅂ ㅇ	의견을 말함.
ㅍ ㅎ	생각이나 느낌을 언어나 행위, 예술 등으로 드러냄.
ㅍ ㅊ	겉으로 나타냄.

ㅂ ㅈ ㄷ ㄷ	성질이 다른 것으로 변하다.
ㅂ ㅎ ㄷ ㄷ	모양이나 형태가 달라지다.
ㅂ ㄹ ㅈ ㅇ	중세 유럽에서 성직자와 귀족 다음 제3계급인 시민. 자본주의 사회에서 자본가 계급에 속하는 사람.
ㅍ ㄹ ㄹ ㅌ ㄹ ㅇ	자본주의 사회에서, 보통 육체노동을 하는 노동자.
ㅅ ㄱ	곰곰이 잘 생각함.
ㅈ ㅅ	자신의 태도나 행동을 스스로 반성함.
ㅌ ㅊ	예리한 관찰력으로 사물을 꿰뚫어 봄.
ㅈ ㄱ	현실을 판단하여 자기의 입장이나 능력을 스스로 깨달음.
ㅅ ㅊ	자기 마음을 반성하고 살핌.
ㅅ ㅅ	상하거나 다치거나 가치가 떨어짐.
ㅅ ㅎ	물질적으로나 정신적으로 해를 입음.
ㅇ ㄱ	공사를 완성함.
ㅈ ㄱ	법적으로 공사를 다 마침.
ㅈ ㄷ	논밭.
ㅊ ㅁ ㅂ	채소나 담배, 마 등을 심어 가꾸는 밭.
ㅈ ㅈ	원칙과 신념을 굽히지 않고 끝까지 지켜 나가는 꿋꿋한 의지.
ㅈ ㄱ	신념, 신의를 굽히지 않고 굳게 지키는 꿋꿋한 태도.

ㅈ ㅈ		사람이나 의견 등에 뜻을 같이 하여 이를 위해 힘씀.
ㅈ ㅌ		오래 버티거나 참고 견뎌 냄.
ㅍ ㄱ		사물의 가치나 수준을 평함.
ㄱ ㅅ		영화나 미술 작품같이 주로 예술 작품을 이해하여 즐기고 평가함.
ㄱ ㅈ		사물의 특성이나 참과 거짓, 좋고 나쁨을 분별하여 판정함.
ㅂ ㅍ		사물의 옳고 그름, 아름다움과 추함에 대해 분석적으로 논함.
ㅍ ㄷ		사물을 인식하여 논리나 기준에 따라 판정을 내림.
ㅎ ㄹ		부하나 동물을 지휘하여 명령함. 큰 소리로 꾸짖음.
ㅎ ㅅ		억울하거나 딱한 사정을 남에게 간곡히 알림.
ㅎ ㅍ		좋게 평함.
ㅎ ㅍ		가혹하게 비평함.
ㅎ ㅅ		도로 거두어들임.
ㅎ ㅅ		불법적이나 비합법적으로 얻은 재산이나 재물을 도로 거두어들임.

어휘확인

문장의 빈칸에 적절한 낱말을 찾아 쓰세요.

전답 채마밭 부르주아 프롤레타리아 숙고 자성 통찰 자각 성찰

① 어머니가 (　　　　)에서 오이를 따고 있다.

② 그는 아버지가 물려준 (　　　　)을 팔아 사업 자금을 마련하였다.

③ 가난한 노동자의 부당한 삶을 통해 사회 모순을 비판하는 문학을 (　　　　) 문학이라고 한다.

④ 프랑스 혁명은 중산층 시민들이 주도했다는 점에서 (　　　　) 혁명이라고 할 수 있다.

⑤ 영웅은 대개 고난을 겪으며 자신의 소명을 (　　　　)한다.

⑥ 그는 오랜 (　　　　) 끝에 이번 프로젝트에는 참여하지 않기로 하였다.

⑦ 사회 지도층의 도덕적 해이에 대해 (　　　　)의 목소리가 높다.

⑧ 일기는 날마다 자신을 (　　　　)할 수 있는 기회를 준다.

⑨ 고전은 독자에게 시대와 인간의 삶에 대해 깊은 (　　　　)을 제공한다.

지조 절개 호령 호소 호평 혹평 공복 포만 변질(되다) 변형(되다)

⑩ 겨울에도 늘 푸른 소나무는 곧은 (　　　　)와 굳은 의지를 상징한다.

⑪ 이왕 배우기로 마음먹었으면 (　　　　) 있게 끝까지 배워야지.

⑫ 그는 물건을 훔치지 않았다며 믿어 달라고 (　　　　)하였다.

⑬ 이순신 장군의 (　　　　)에 공격을 시작하였다.

⑭ 이번 작품은 전작에 비해 완성도가 너무 떨어진다는 (　　　　)을 받았다.

⑮ 그 영화는 남성 관객들에게는 외면을 받았지만 여성 관객들에게는 (　　　　)을 받았다.

⑯ 이 약은 아침에 일어나자마자 식사를 하기 전 (　　　　)에 드세요.

⑰ 음식을 배부르게 먹으니 배가 (　　　　) 상태이다.

⑱ 교통사고 수술 후 발가락이 조금 (　　　　)되었다.

⑲ 여름인데 우유를 밖에 두었더니 (　　　　)되었다.

완공　준공　결제　결재　공유　공감　발표　발행　발언　표현　표출

⑳ 생활사 박물관이 공사 2년 만에 (　　　　　)을 눈앞에 두고 있다.

㉑ 생활사 박물관이 지난 9월 27일에 완공되어 오늘 (　　　　　)식을 가졌다.

㉒ 학교에서 행사를 계획할 때는 교장 선생님에게 서류를 올려 (　　　　　)를 받아야 한다.

㉓ 요즘에는 온라인에 물건을 살 때 카드 외에 휴대폰 (　　　　　)도 많이 사용한다.

㉔ 그는 어렸을 때부터 부유하게 자라서인지 소외계층의 절망감에 (　　　　　)하지 못했다.

㉕ 이제는 정보를 독점하지 않고 더욱 많이 (　　　　　)할수록 그 가치가 커진다.

㉖ 학교는 학부모들과 지역에 학교 소식을 알리기 위해 신문을 (　　　　　)하기로 하였다.

㉗ 인간은 얼굴 찡그리기 등으로 불쾌감을 (　　　　　)한다.

㉘ 그는 개인 SNS를 통해 다음 달에 정규 음반을 (　　　　　)한다는 소식을 전했다.

㉙ 민주적인 토의를 위해서는 무엇보다 (　　　　　) 기회가 공평하게 주어져야 한다.

㉚ 사랑하는 마음은 가득한데 (　　　　　) 방법이 서툴렀다.

손상　손해　회수　환수　지지　지탱　평가　감상　감정　비평　판단

㉛ 태풍으로 과일이 다 떨어져 (　　　　　)가 막심하다.

㉜ 교통사고로 뇌가 (　　　　　)되었다.

㉝ 설문지를 절반밖에 (　　　　　)하지 못했다.

㉞ 정부는 친일파 재산 (　　　　　) 소송에서 일부 승소하였다.

㉟ 그는 빗물을 받아먹으며 겨우 생명을 (　　　　　)하였다.

㊱ 지수는 이번 회장 선거에서 미라를 (　　　　　)하기로 하였다.

㊲ 할아버지가 가보로 물려주신 도자기가 진품인지 아닌지 (　　　　　)을 의뢰하였다.

㊳ 내 취미는 영화 (　　　　　)이다.

㊴ 이번에 개봉하는 영화들에 대한 평론가들의 (　　　　　)이 실렸다.

㊵ 그는 학교를 다닐지 그만 둘지 쉽게 (　　　　　)을 내리지 못했다.

㊶ 우리 학교가 교육청 중학교 평가에서 최고 (　　　　　)를 받았다.

♣ 다음 밑줄 친 낱말 사용이 적절한지 판단해 보세요.

① 당신도 어려웠던 시절이 있었으니 제 말에 공유할 것입니다. ➤ _____

② 그는 어머니에게 편지를 써서 감사한 마음을 표출하였다. ➤ _____

♣ 다음 대화의 빈칸에 적절한 낱말을 넣어 보세요.

③ 이번에 새로 시작한 학교 드라마 봤어?

   아니, 아직 못 봤어. 본 사람들 (   )는 어때?

   재미도 없고 감동도 없다고 (   )이 많아.

④ 이번 회장 선거에서 지수를 뽑는다고 했지?

   처음에는 그렇게 정했는데, 어제부터 민아를 (   )하기로 했어.

   뭐라고? 한 번 정했으면 끝까지 (   )를 지켜야지.

♣ 다음 낱말들 중 두 개 이상 활용하여 대화문을 만들어 보세요.

⑤

   지탱, 손상, 손해, 호소, 성찰, 자각

Day 15 헷갈리는 어휘(가르치다~출현)

> 맞추다, 맞히다, 어떡해, 어떻게, 부치다, 붙이다, 매다, 메다, 낳다, 낫다,
> 바치다, 받치다, 늘리다, 늘이다, 썩이다, 썩히다, 출연, 출현, 로서, 로써,
> 간간이, 간간히, 아니오, 아니요, 이따가, 있다가, 지그시, 지긋이, 띄다,
> 띠다, 바라다, 바래다, 반듯이, 반드시, 다르다, 틀리다, 가르치다,
> 가리키다, 왠지, 웬

어휘사전

뜻풀이를 읽고 그에 해당하는 낱말을 찾아 쓰세요.

ㄱ ㄹ ㅊ ㄷ	지식을 알게 하거나 기능을 익히게 하다.
ㄱ ㄹ ㅋ ㄷ	손가락 등으로 어떤 방향이나 대상을 집어서 말하거나 알리다.
ㄱ ㄱ ㅇ	시간적인 사이를 두고서 가끔씩. 공간적인 거리를 두고 듬성듬성.
ㄱ ㄱ ㅎ	입맛 당기게 약간 짠 듯이.
ㄴ ㄷ	병이 고쳐지다. 더 좋다.
ㄴ ㄷ	새끼나 알을 몸 밖으로 내놓다.
ㄴ ㄹ ㄷ	물체의 넓이, 부피 등을 더 커지게 하다. 시간이 길어지다.
ㄴ ㅇ ㄷ	본디보다 더 길어지게 하다.
ㄷ ㄹ ㄷ	같지 않다.

ㅌ ㄹ ㄷ	옳지 않다. 잘못 되었다.
ㄸ ㄷ	눈에 보이다. 남보다 훨씬 두드러지다.
ㄸ ㄷ	직책, 사명, 빛깔, 색채, 성질 등을 가지다. 감정이나 기운을 나타내다.
ㄹ ㅅ	자격이나 역할.
ㄹ ㅆ	수단이나 도구.
ㅁ ㅊ ㄷ	나란히 놓고 비교하다.
ㅁ ㅎ ㄷ	옳은 답을 대다.
ㅁ ㄷ	끈이나 줄로 두 끝을 엇걸고 잡아당겨 풀어지지 않게 하다.
ㅁ ㄷ	어깨에 걸치거나 올려놓다.
ㅂ ㄹ ㄷ	생각한 대로 이루어지길 원하다.
ㅂ ㄹ ㄷ	색이 변하다.
ㅂ ㅊ ㄷ	정중하게 드리다. 내야 할 돈이나 물품을 가져다주다.
ㅂ ㅊ ㄷ	어떤 물건의 밑이나 안에 다른 물체를 대다.
ㅂ ㄷ ㅇ	반듯하게.
ㅂ ㄷ ㅅ	꼭.
ㅂ ㅊ ㄷ	편지나 물건을 보내다.
ㅂ ㅇ ㄷ	맞닿게 하다.
ㅆ ㅇ ㄷ	걱정이나 근심으로 몹시 괴로운 상태가 되게 한다.

ㅆ ㅎ ㄷ	부패하게 하다. 사람, 사물, 재능 등이 쓰여야 할 곳에 제대로 쓰이지 못하고 내버려지다.
ㅇ ㄴ ㅇ	문장 끝에 쓰는 서술어.
ㅇ ㄴ ㅇ	'예'나 '네'의 반대말.
ㅇ ㄸ ㅎ	'어떻게 해'가 줄어든 말.
ㅇ ㄸ ㄱ	어떠하게.
ㅇ ㅈ	왜 그런지 모르게.
ㅇ	어찌된. 어떠한.
ㅇ ㄸ ㄱ	조금 지난 뒤에.
ㅇ ㄷ ㄱ	(어느 곳에) 머물다가.
ㅈ ㄱ ㅅ	슬며시 힘을 주는 모양.
ㅈ ㄱ ㅇ	나이가 비교적 많아 듬직하게.
ㅊ ㅇ	연기, 공연, 연설을 하기 위하여 무대나 연단에 나감.
ㅊ ㅎ	나타나거나 또는 나타나서 보임.

어휘확인

문장의 빈칸에 적절한 낱말을 찾아 쓰세요.

맞추다 맞히다 어떡해 어떻게 부치다 붙이다 매다 메다 낳다 낫다

① 수민이가 전교에서 유일하게 마지막 문제 정답을 (　　　　).

② 위아래 짝을 (　　　　) 입으니 깔끔하다.

③ 너 (　　　　) 된 거니?

④ 지금 나 (　　　　)?

⑤ 봉투에 우표를 (　　　　).

⑥ 친구한테 편지를 (　　　　).

⑦ 어깨에 가방을 (　　　　) 학교에 갑니다.

⑧ 운동화 끈을 바짝 (　　　　) 달려야지.

⑨ 이번 감기는 잘 (　　　　) 않아서 결국 병원에 갔다.

⑩ 암탉이 알을 (　　　　).

바치다 받치다 늘리다 늘이다 썩이다 썩히다 출연 출현 로서 로써

⑪ 겨울에는 아무래도 춥기 때문에 안에 내복을 (　　　　) 입는 게 좋다.

⑫ 어부들은 용왕에게 제물을 (　　　　) 풍랑이 일어나지 않기를 빌었다.

⑬ 이번 캠프는 신청자가 많아서 참가자 수를 (　　　　).

⑭ 키가 좀 자라서 바짓단을 (　　　　).

⑮ 아이가 말썽을 부려 부모 속을 (　　　　).

⑯ 아까운 재주를 (　　　　) 말고 네가 잘하는 일을 하렴.

⑰ 제주도 앞바다에 느닷없이 상어 떼가 (　　　　)했다고 한다.

⑱ 학생 예능 프로그램에서 (　　　　) 요청이 들어왔다.

⑲ 대화(　　　　) 갈등을 풀고 화해하렴.

⑳ 친구(　　　　) 한 마디만 할게.

간간이　간간히　아니오　아니요　이따가　있다가　지그시　지긋이　띄다　띠다

㉑ 음식은 조금 (　　　　　) 조리해야 맛있다.

㉒ (　　　　　) 들려오는 소쩍새 울음소리.

㉓ 이것은 내 책이 (　　　　　).

㉔ 숙제 다 했니? (　　　　　), 다 못 했어요.

㉕ 그 문제는 (　　　　　) 사람들 다 가면 둘이서 얘기하자.

㉖ 도서관에 (　　　　　) 저녁 시간이 다 되어서 집으로 갔다.

㉗ 그는 속으로는 화가 나는지 입술을 (　　　　　) 깨물었다.

㉘ 교문 앞에서 나이가 (　　　　　) 든 할아버지가 널 찾고 있어.

㉙ 우리는 역사적 사명을 (　　　　　) 이 땅에 태어났다.

㉚ 그녀는 또래들 사이에 서면 유독 큰 키가 눈에 (　　　　　).

바라다　바래다　반듯이　반드시　다르다　틀리다　가르치다　가리키다　왠지　웬

㉛ 오래된 옷이라 색깔이 (　　　　　).

㉜ 네가 건강하게 지내길 (　　　　　).

㉝ 발표를 할 때는 자세를 (　　　　　) 해라.

㉞ 그 일을 (　　　　　) 해 내겠어.

㉟ 이번 시험에서 10문제 중에 5개 맞고 5개 (　　　　　).

㊱ 나는 너랑 생각이 (　　　　　).

㊲ 그녀는 학교에서 수학을 (　　　　　).

㊳ 소녀는 저 멀리 보이는 불빛을 손가락으로 (　　　　　).

㊴ 겨울에 (　　　　　) 수박이야?

㊵ (　　　　　) 오늘은 기분이 안 좋아.

어휘활용

♣ 다음 밑줄 친 낱말 사용이 적절한지 판단해 보세요.

① 이 상을 하늘에 계신 아버지께 <u>받치고</u> 싶습니다. ➡ ＿＿＿＿＿＿

② 어렸을 때 부모 속을 <u>썩히는</u> 자식이 커서 효도한다는 말이 있다. ➡ ＿＿＿＿＿＿

♣ 다음 대화의 빈칸에 적절한 낱말을 넣어 보세요.

③ 민이가 반장 되고 나서 좀 달라진 것 같지 않아?

응. 행동이 눈에 (　　　　　) 착해졌어. 화도 잘 안 내고 양보도 하고 그래.

반장으 (　　　　　) 모범을 보여야 한다고 생각하나 봐.

④ 와– 이제 시험 다 끝났다!

우리 서로 답 좀 (　　　　　) 보자.

나랑? 공부 하나도 안 해서 많이 (　　　　　) 텐데…

♣ 다음 낱말들 중 두 개 이상 활용하여 대화문을 만들어 보세요.

⑤

웬, 바라다, 어떡해, 부치다, 반드시, 다르다

PART

02

국어 지식을 이해하는
개념어

Day
16
시 개념 어휘 1(시~공감각)

화자, 정서, 심상, 서정시, 서사시, 산문시, 정형시, 공감각, 표면적, 시, 시어, 어조, 시상, 함축성, 추상적, 자유시, 형상화, 다의성, 분위기, 내포적

어휘 Pick

어휘 사전

뜻풀이를 읽고 그에 해당하는 낱말을 찾아 쓰세요.

ㅅ

자연과 인생에서 느끼는 감정을 리듬이 있는 간결한 언어로 표현한 문학의 한 갈래.

ㅎㅅㅎ

분명한 형태가 없는 감정이나 생각을 다양한 표현 방법을 이용하여 구체적이고 보다 명확한 형태로 나타내는 것. 문학적으로는 어떤 소재를 작가만의 표현 방식으로 나타내는 것.

ㅅㅈㅅ

사람이라면 누구나 느끼는 감정을 작가 자신이 세상을 보는 방식대로 풀어서 표현한 시의 한 갈래. 서정이란, 감정을 풀어낸다는 뜻.

ㅅㅅㅅ

역사 속에서 벌어진 일이나 영웅의 일생, 업적 등을 서사의 형태로 쓴 시의 한 갈래. 서사란, 일어난 일들을 시간 순서대로 적어나가는 것.

ㅅㅁㅅ

행과 연이 구분된 시의 일반적 형식과 달리 죽 잇따라 연결된 줄글 형식으로 표현한 시의 한 갈래. 산문과는 달리 운율감이 느껴지게끔 창작됨.

ㅈ ㅎ ㅅ	일정한 형식과 규칙에 맞추어 쓴 시의 한 갈래. 글자 수를 일정하게 하거나 같은 소리의 글자를 특정 위치에 맞추어 쓰는 경우 등이 있음. 정형이란, 일정한 형태가 정해져 있다는 뜻.
ㅈ ㅇ ㅅ	형식이 없이 자유롭게 쓴 시의 한 갈래. 운율이나 시의 규칙에 얽매이지 않고 작가 마음대로 시어를 배열하고 구성하는 방식.
ㅅ ㅇ	시에서 쓰이는 언어. 일상어를 그 의미 그대로 쓰기도 하고 돌려서 다른 의미나 다른 표현으로 쓰기도 함.
ㅊ ㅅ ㅈ	직접 알거나 경험할 수 있는 일정한 형태를 갖추지 않아 막연한 것. 구체적인 성질이 없어서 이해하려 할 때 막연하게 느껴짐.
ㅎ ㅊ ㅅ	시나 시어가 겉으로 드러난 의미 이면에 속뜻을 담고 있는 특성. 함축이란, 하나의 어휘 안에 다양한 뜻이 담겨 있다는 뜻.
ㄷ ㅇ ㅅ	한 단어나 문장이 두 가지 이상의 뜻을 포함한 특성. 일상의 대화에서는 이해에 어려움이 있을 수 있어 사용하지 않는 것이 바람직하지만 문학 작품의 경우 보다 깊이 있고 풍부한 의미를 드러내기 위해 사용.
ㅍ ㅁ ㅈ	어떤 단어의 의미가 겉으로 드러난 것.
ㄴ ㅍ ㅈ	문학 작품에서 어떤 단어가 겉으로 드러난 의미 속에 숨겨진 다른 의미가 있는 것.
ㅎ ㅈ	시에서 말하는 이. 보통 시적 화자라고 함. 시적 화자는 시인 자신일 수도 있고 시인을 대신하여 내세운 대리인일 수도 있음.

ㅈ ㅅ	사람의 마음에 일어나는 여러 가지 감정. 시에서 이것은 시 속에 나타나는 심리와 감정 등을 의미하는 것으로 시의 기본적 특징에 속함.
ㅇ ㅈ	시를 읽을 때, 시어에서 느껴지는 가락, 억양, 높낮이. 시적 화자가 독자에게 시의 의미를 전달하고자 할 때 특정한 감정을 시어에 실어 표현함으로써 드러남.
ㅂ ㅇ ㄱ	시에서 느껴지는 색채나 기분. 정서와 관련이 있음.
ㅅ ㅅ	시인이 시를 창작할 때 떠오르는 느낌이나 생각. 시인이 자신의 생각을 좀 더 효과적으로 전달하기 위해 다양한 방식으로 이를 전개함.
ㅅ ㅅ	시를 읽을 때 마음속에 떠오르는 감각적인 느낌. 시각, 청각, 후각, 미각, 촉각의 다섯 가지 감각과 2가지 이상의 감각이 혼합되어 나타는 이미지가 있음.
ㄱ ㄱ ㄱ	하나의 감각이 다른 영역의 감각을 불러일으켜 전이되는 현상. 예 푸른 종소리 : 종소리를 푸른색 이미지로 표현. → 청각의 시각화

어휘확인

문장의 빈칸에 적절한 낱말을 찾아 쓰세요.

화자 정서 심상 서정시 서사시 산문시 정형시 공감각 표면적 시

① 사람이 자연과 세상을 보며 느낀 감정을 노래와 같이 운율이 있는 언어로 표현한 것을 (   )라고 한다.

② 시적 (   )는 시인일 수도 있고, 시인이 대신 내세운 존재일 수도 있다.

③ '푸른 휘파람 소리'는 청각적 이미지인 휘파람 소리를 '푸른'이라는 시각적 이미지로 바꾸어 표현하였다는 점에서 (   )적 심상이라 할 수 있다.

④ '외양간 당나귀 아앙 앙 외마디 울음'에서 '아앙 앙' '울음'이라는 청각적 (   )을 통해 당나귀 울음소리가 실제로 들리는 것처럼 느낄 수 있다.

⑤ 행이나 연의 구분이 없이 줄글로 되어 있어서 그냥 보기에는 산문 같지만 작게나마 리듬감이 느껴지는 시의 종류를 (   )라고 한다.

⑥ 시를 쓸 때 글자수나 같은 소리를 되풀이하여 써야 하는 등 일정한 형식이나 규칙이 정해져 있는 시를 (   )라고 한다.

⑦ 친구의 전학으로 헤어지게 된 나의 슬픈 심정을 시로 나타낸다면, 이 시의 갈래는 (   )라고 볼 수 있다.

⑧ 고구려를 건국한 동명왕 주몽의 영웅적 일대기를 마치 이야기처럼 구성한 이규보의 〈동명왕편〉은 (   )라고 할 수 있다.

⑨ '바다가 잔잔하다'에서 '바다'는 지구에서 땅을 제외한 부분에 존재하는 물을 의미한다. 이러한 의미를 (   ) 의미라고 한다.

⑩ 살아가면서 사람이 느끼는 기쁨, 슬픔, 즐거움, 두려움, 미움 등의 다양한 감정을 (   ) 라고 한다.

시어 어조 시상 함축성 추상적 자유시 형상화 다의성 분위기 내포적

⑪ 시는 주제를 직접적으로 전달하지 않는다. 시인의 상상을 통해 마치 그림을 그리듯 실감나는 언어로 표현한다. '밤'을 주제로 시를 쓴다면, 달빛, 등잔 불빛, 바람소리 등으로 (   )할 수 있다.

⑫ 밤, 시간, 사랑, 믿음 등은 눈으로 직접 확인할 수 있는 구체적인 사물이 아니라 (   )이어서 그 의미가 애매하게 느껴질 수 있다.

⑬ 한 편의 시 속에 담겨 있는 시인의 생각이나 느낌을 (   )이라고 하는데 시인은 이를 다양하게 배열하여 주제를 드러낼 수 있다.

⑭ '내 마음은 바다야.'라고 할 때, '바다'는 표면적 의미가 아닌 광활하고 넓음을 의미한다고 볼 수 있다. 이렇게 한 단어 안에 숨겨진 깊은 의미가 있는 특성을 (   )이라고 한다.

⑮ 우리가 흔히 알고 있는 단어의 의미 외에 문학 작품 속에서 새롭게 구성되는 의미를 (   ) 의미라고 한다.

⑯ 시의 분위기를 잘 표현해 주기 위해 시적 화자의 말투에서 느껴지는 특징을 (   )라고 한다.

⑰ 시에 쓰인 말들은 우리가 평소 쓰는 말과 다른 의미를 지니고 있어서 이해하기 어려운 경우가 있는데, 이렇게 시에 쓰인 말 하나하나를 통틀어 (   )라고 한다.

⑱ 시를 쓸 때, 형식에 얽매이지 않고 시인의 마음대로 자유롭게 쓴 시를 (   )라고 한다.

⑲ 우리가 한 편의 시를 읽을 때, 시어, 시적 화자, 어조, 태도 등 다양한 시의 요소가 어우러져 시 전체에 느껴지는 인상을 (   )라고 한다.

⑳ 한 단어 안에 하나의 의미가 아니라 여러 가지 뜻이 함께 담겨 있는 것을 (   )이라고 한다.

어휘활용

♣ 다음 밑줄 친 낱말의 함축적 의미를 생각해 보세요.

① 님아. 그 물을 건너지 마오. ➡ _____, _____

② 님 계신 곳 바라보니 산인가 구름인가 멀기도 멀구나. ➡ _____, _____

♣ 다음 대화의 빈칸에 적절한 낱말을 넣어 보세요.

③ '오줌싸개 지도'를 쓴 시인 윤동주가 어른인 거 알아?

진짜? 시적 (   )가 동생이 오줌을 쌌다고 해서 당연히 아이인 줄 알았어.

그렇지. 아이가 말하는 것처럼 표현해서 순수한 (   )가 느껴져.

④ 시는 정말 흥미로운 것 같아.

뭐라고? 난 어렵기만 한데… (   ) 의미 그대로인 시가 거의 없잖아.

그래서 흥미진진하지. 탐정처럼 시어의 (   ) 의미를 찾는 게 짜릿해.

♣ 다음 심상에 해당하는 표현을 예를 들어 써 보세요.

⑤

★시각적 심상 :

★촉각적 심상 :

★청각적 심상 :

★공감각적 심상 :

Day 17
시 개념 어휘 2(의지적~각운)

체념적, 의지적, 풍자적, 외형률, 내재율, 음수율, 해학적, 향토적, 우의적, 전원적, 운율, 애상적, 반성적, 관념적, 관습적, 음보율, 의성어, 의태어, 수미상관, 각운

어휘 Pick

어휘사전 뜻풀이를 읽고 그에 해당하는 낱말을 찾아 쓰세요.

ㅇ ㅈ ㅈ	시의 화자가 무언가를 이루려는 마음이 적극적이고 강한 태도.

ㅊ ㄴ ㅈ	시의 화자가 자신이 처한 상황을 비관하고 무엇인가 하려는 의지 없이 포기하는 태도.

ㅍ ㅈ ㅈ	현실의 모순과 부정적 측면을 과장하거나 왜곡하거나 비꼬아서 우습게 표현하는 것. 보통 지배계층을 돌려서 비판하는 방식으로 많이 쓰임.

ㅎ ㅎ ㅈ	현실을 있는 그대로 드러내지 않고 과장과 익살을 곁들여 우스꽝스럽게 표현하는 것. 보통 사회적으로 소외된 계층의 어려움을 웃음으로 위로하고 승화하는 방식으로 많이 쓰임.

ㅇ ㅅ ㅈ	시의 분위기가 가슴이 아플 정도로 짙은 슬픔의 느낌을 주는 것.

ㅂ ㅅ ㅈ	시의 화자가 지나온 삶을 돌아보며 잘못한 점이 있는지 생각해 보는 태도. 과거의 어떤 일에 대해 후회하거나 안타까워하는 마음을 표현.

ㄱ ㄴ ㅈ	시의 화자가 시적 대상에 대해 구체적이고 현실적으로 접근하는 것이 아니라 추상적이고 개념적으로 접근하는 태도. 감각적으로 지각한 것을 표현하는 것이 아니라 생각하고 공상한 것을 표현.
ㄱ ㅅ ㅈ	시의 화자가 한 사회에 오랫동안 지켜져 내려온 생활양식이나 가치관, 언어적 표현 등을 따르는 태도.
ㅇ ㅇ ㅈ	어떤 주제를 드러내기 위해 다른 사물에 빗대어 돌려 표현하는 방식. 📖 〈이솝우화〉의 '개미와 베짱이'에서 개미는 부지런한 이, 베짱이는 게으른 이를 대변하여 부지런한 삶의 교훈을 전함.
ㅎ ㅌ ㅈ	시의 분위기가 시골, 고향처럼 포근한 느낌을 주는 것. 고향이나 특정 지역을 나타내는 구체적인 시어를 통해 표현.
ㅈ ㅇ ㅈ	시의 분위기가 시골이나 농촌의 모습을 자아내는 것. 보통 자연 풍경이나 자연과 함께 하는 삶을 표현.
ㅇ ㅇ	시를 읽을 때 느껴지는 말의 가락. '운(韻)'은 같은 소리가 반복되는 것을, 율(律)은 음의 높낮이, 길고 짧음, 강하고 약함, 글자 수 등이 규칙적으로 반복되는 것을 의미.
ㅇ ㅎ ㄹ	눈으로 확인 가능할 만큼 시의 운율이 겉으로 명확히 드러나 있는 것.
ㄴ ㅈ ㅇ	시의 운율이 겉으로 드러나 있지 않고 시의 내부에 숨어 있는 것.

ㅇ ㅂ ㅇ	시에서 노래의 마디처럼 일정한 폭을 갖는 말의 덩이가 일정하게 반복되는 운율. **예** 아리랑/아리랑/아라리요 // 아리랑/고개를/넘어간다 → 각 행이 3개의 덩이로 끊어 읽히므로 3음보 반복.
ㅇ ㅅ ㅇ	시에서 글자 수가 일정하게 반복되는 운율. **예** 이 몸이/죽고죽어/일백번/고쳐죽어 (3, 4, 3, 4로 글자수 반복. 3·4조)
ㅇ ㅅ ㅇ	'멍멍', '졸졸'과 같이 소리를 흉내낸 말. 의성어와 의태어를 통틀어 음성 상징어라고 함.
ㅇ ㅌ ㅇ	'끄덕', '방긋방긋'과 같이 사람이나 사물의 모양, 태도, 행동 등을 흉내낸 말.
ㅅ ㅁ ㅅ ㄱ	시에서 처음 부분과 끝 부분이 서로 관련되도록 비슷한 구절이나 문장을 반복하는 기법. 여기서 '수(首)'는 머리, '미(尾)'는 꼬리를 의미함.
ㄱ ㅇ	시에서 행의 끝자리에 같은 소리나 음절을 규칙적으로 배열한 것.

어휘확인

문장의 빈칸에 적절한 낱말을 찾아 쓰세요.

의지적   향토적   외형률   체념적   음수율   애상적   의태어   관념적   각운   관습적

① 이미 끝난 일이라 어찌할 수 없다고 그냥 포기해 버리는 것을 (   ) 태도라고 한다.

② '나는 엄마에게 새 장난감을 받고 너무 좋아서 폴짝폴짝 뛰었습니다.'의 '폴짝폴짝'은 행동을 흉내낸 (   )로 내용을 좀 더 재미있게 표현할 수 있다.

③ '산촌에 눈이 오니 돌길이 묻혔구나'와 같이 글자 수가 3.4.3.4로 일정하게 배열되어 운율이 겉으로 드러난 것을 (   )이라고 한다.

④ 일제 강점기 조국 독립을 위한 마음을 담은 시는 (   ) 성격을 갖고 있다고 볼 수 있다.

⑤ 운율을 맞추기 위해 시행이 모두 같은 글자로 끝나는 반복이 이루어진다면 이를 (   )이라고 볼 수 있다.

⑥ '친구의 얼굴 보니 내 마음 두근두근'과 같이 음절의 수가 3개, 4개로 일정하게 되풀이되는 운율의 형식을 (   )이라고 한다.

⑦ 도시와는 다른 시골이나 농촌의 푸근한 정서가 담겨 있는 것을 (   ) 분위기라고 한다.

⑧ 우리 나라에서는 전통적으로 까마귀를 불길한 징조로 보는 경향이 있는데, 문학 작품에서 까마귀를 불운의 상징으로 표현하는 것을 (   ) 상징이라고 한다.

⑨ 여동생의 죽음 앞에서 '삶과 죽음의 길은 여기에 있으므로 머뭇거리고, 나는 간다는 말도 못다 이르고 어찌 갑니까.'라고 표현한 시는 화자의 슬픔이 담겨 있기에 (   ) 분위기를 지니고 있다고 볼 수 있다.

⑩ '황량한 고독'에서 '고독'처럼 명확한 실체가 없는 추상적인 표현을 쓰면 실제 현실이 아닌 머리 속에 담긴 (   )인 생각을 드러낼 수 있다.

전원적 운율 풍자적 내재율 해학적 음보율 의성어 반성적 수미상관 우의적

⑪ '시냇물이 졸졸 흐른다'의 '졸졸'은 물이 흐르는 소리를 흉내낸 단어이므로 (   )라고 볼 수 있다.

⑫ '짚방석을 내지 마라. 낙엽엔들 못 앉겠느냐. 솔불을 켜지 마라. 어제 진달이 다시 돌아온다'는 시조에는 자연과 벗하는 (   ) 삶이 담겨 있다.

⑬ 〈흥부와 놀부〉 이야기에서 놀부는 욕심많은 인간을 (   )으로 드러낸 인물이다.

⑭ 시의 첫 부분과 마지막 부분이 비슷한 구절로 반복되어 운율 형성과 주제를 강조해주는 역할을 하는 구성을 (   )이라고 한다.

⑮ '까마귀 / 검다하여/ 백로야 / 웃지마라'처럼 시의 한 행이 일정한 폭으로 반복되어 규칙성을 느끼게 하는 운율을 (   )이라고 한다.

⑯ 시에 음악적 가락을 더하여 시를 시답게 만들어 주는 가장 중요한 요소를 (   )이라 한다.

⑰ 어떤 사람이나 사회가 갖고 있는 결점을 다른 것에 빗대어 비웃으며 폭로하는 표현 방식을 (   ) 표현이라고 한다.

⑱ 표현하고자 하는 현실을 있는 그대로 표현하지 않고 과장과 익살을 곁들여 재미있게 표현하는 것을 (   ) 방법이라고 한다.

⑲ 지금껏 살아온 시간을 되돌아보며 자신의 행동의 문제점을 찾아가고 이를 후회하는 것을 (   ) 태도라 한다.

⑳ 시에서 운율이 겉으로 드러나지 않고 안에 담겨 있는 경우를 (   )이라고 한다.

어휘활용

♣ 다음 시의 분위기를 써 보세요.

①   보리밥 풋나물을 알맞게 먹은 후에

    바위끝 물가에 실컷 노니노라

    그남은 여남은 일이야 부릴 줄이 있으랴

자연 속에서 살아가는 자신의 모습을 그린 _____ 분위기의 시이다.

♣ 다음 대화의 빈칸에 적절한 낱말을 넣어 보세요.

② 😊 요즘 엄마가 편찮으시니 지금까지 내 행동이 후회가 돼.

   🐻 그러면 이번 시쓰기 할 때, (   ) 태도가 드러나게 써 보면 어때?

   😊 그러면 슬픈 감정이 잘 드러나게 (   ) 어조도 느껴지게 해야겠다.

③ 🐻 시에서 느껴지는 가락이 난 참 좋더라.

   😊 맞아. 난 겉으로 운율이 잘 드러난 (   )인 시가 좋더라.

   🐻 난 그 중에서도 특히 글자 수가 일정하게 맞춰진 (   )이 재미있게 느껴져.

♣ 의태어와 의성어를 각각 3개씩 써 보세요.

④

    ★의태어 :

    ★의성어 :

Day 18

시 개념 어휘 3(상징~사설시조)

어휘사전

뜻풀이를 읽고 그에 해당하는 낱말을 찾아 쓰세요.

ㅅ ㅈ　어떤 말이 본래 의미 이외에 다른 의미를 드러내거나 여러 가지 의미를 함께 담고 있는 것.

ㅂ ㅇ　표현하는 대상을 그것과 비슷한 다른 대상에 빗대어 표현하는 방법. 표현하려는 대상을 원관념, 빗대어 표현한 대상을 보조관념이라 함.

ㅈ ㅇ ㅂ　직접 비유하는 방법. 보조관념에 '같은, 처럼, 듯'과 같은 말이 붙어서 원관념과 연결됨. **예** 솜사탕 같은 구름

ㅇ ㅇ ㅂ　원관념과 보조관념을 직접 연결하지 않고, 대상의 본뜻을 숨긴 채 비유하는 대상만을 제시하는 방법. 'A(원관념)는 B(보조관념)이다'의 형태로 표현. **예** 구름은 나그네

ㅇ ㅇ ㅂ　무생물이나 동식물에 인격을 부여하여 사람처럼 표현하는 방법. **예** 살랑살랑 손짓하는 버들잎

| ㅈ ㅇ ㅂ | 하나의 말에 본래 뜻과 동시에 다른 뜻이 함축되어 있는 것.
(예) 청산리 벽계수야 → 푸른 시냇물과 특정 인물을 동시에 의미. |

| ㅂ ㅇ ㅂ | 말하고자 하는 바와 정반대로 표현하는 방법. 아이러니라고도 함. 이 경우, 문맥과 상황에 따라 그 의미를 파악해야 함.
(예) 운수 좋은 날 → 현실은 운수가 매우 나쁨을 반대로 표현. |

| ㅇ ㅅ ㅂ | 시에서 앞말과 뒷말이 모순되어 이치에 어긋난 것처럼 보이지만 깊이 생각하면 어떤 진실이 느껴지도록 표현한 방법.
(예) 외로운 황홀한 심사 → 부정적 감정과 긍정적 감정이 함께 표현 |

| ㅅ ㅇ ㅂ | 당연하게 느껴지는 말을 의문형으로 표현하여 독자로 하여금 그 답을 생각하게 하는 표현법.
(예) 빼앗긴 들에도 봄은 오는가? |

| ㄷ ㄱ ㅂ | 형식이나 구조가 비슷한 구절이나 문장을 나란히 제시하여 서로 대칭되게 보이는 효과를 주는 표현법.
(예) 콩 심은 데 콩 나고 팥 심은 데 팥 난다. |

| ㄷ ㅊ ㅂ | 문장에서 정상적인 단어 배열 순서를 바꾸는 변화를 주어 강한 인상을 남기도록 하는 표현법.
(예) 사랑해, 너를. |

| ㄱ ㅈ ㅂ | 사실을 크게 부풀리거나 반대로 작게 축소하는 표현법.
(예) 밥을 많이 먹어 배가 터질 것 같다. |

ㅂ ㅂ ㅂ	같은 단어, 문장, 구절 등을 반복하여 사용함으로써 뜻을 강조하거나 리듬감을 살리는 표현법. **예** 산에는 꽃 피네 꽃이 피네
ㅇ ㄱ ㅂ	여러 가지 예나 사실을 줄줄이 늘어놓는 표현법. 내용적으로 연결되거나 관련 있는 어구를 늘어놓아 전체 내용을 강조. **예** 사과, 밤, 대추, 감, … 풍성한 가을 바구니
ㅇ ㅌ ㅂ	시적 화자의 감탄을 나타내는 표현법으로 기쁨, 슬픔, 분노 등 인간의 감정을 있는 그대로 드러내어 강조함. **예** 오, 단풍이 들었구나!
ㅈ ㅊ ㅂ	어구나 내용을 더하여 시의 의미를 강조하는 표현법. 작은 것에서 큰 것으로, 약한 것에서 강한 것으로 점점 내용이 확대됨. **예** 오막살이만 한 파도가 금세 궁궐만 해졌다.
ㄱ ㅈ ㅅ ㄱ	원시 부족국가 시대의 고대가요부터 개화기 이전 조선시대까지 불려온 다양한 시의 양식들을 통틀어 부르는 말.
ㅎ ㄷ ㅅ	개화기 이후부터 지금에 이르기까지 현 시대에 창작되고 불리는 다양한 시의 양식.
ㅍ ㅅ ㅈ	우리 고전시가 중 하나인 시조의 가장 기본적인 형태. 초장, 중장, 종장의 3장, 6개의 구절, 45자 내외의 글자 수로 이루어진 정형시.
ㅅ ㅅ ㅅ ㅈ	평시조보다 자유로운 형태의 시조로 조선 후기에 등장. 평시조에서 2구 이상, 총 10자 이상 늘어난 시조.

어휘확인

문장의 빈칸에 적절한 낱말을 찾아 쓰세요.

열거법 비유 직유법 의인법 고전시가
중의법 사설시조 반어법 설의법 과장법

① '꽃처럼 아름다운 우리'에 활용된 표현법은 대상을 직접 비유하는 (   )이다.

② '나 보기가 역겨워 가실 때에는 말없이 고이 보내 드리오리다'에서 시적화자는 상대방을 보내고 싶지 않은 마음을 반대로 표현하고 있다. 이같은 표현법을 (   )이라고 한다.

③ 고대부터 개화기 이전까지 우리 민족이 창작한 시의 종류들을 통틀어 (   )라고 부른다.

④ '광화문은 눈물을 흘렸습니다'에 사용된 표현법은 사람처럼 표현한 (   )이다.

⑤ '소, 말, 돼지, 양, 개미에 이르기까지'에 드러난 표현법은 (   )이다.

⑥ 시조의 갈래 중에서 중 중장의 길이가 길게 늘어나고 일반 평시조보다 글자수가 10자 이상 늘어난 양식의 시조를 (   )라고 한다.

⑦ '너무 울어서 베개 머리에 연못이 생겼네.'에서 아무리 울어도 연못이 생길 정도로 물이 고일 수는 없기에 (   )이 쓰였음을 알 수 있다.

⑧ 원관념을 보조관념에 빗대어 표현하는 (   )를 사용하면 생생한 느낌을 전달할 수 있다.

⑨ 조선시대 충신 성삼문의 시조 '수양산 바라보며'에서 '수양산'은 실제 산 이름이기도 하고 수양대군을 의미하는 것일 수도 있다. 이처럼 하나의 단어에 두 가지 의미가 담겨 있는 표현법을 (   )이라고 한다.

⑩ '빼앗긴 들에도 봄은 오는가'라는 질문의 답은 '그렇다'로 거의 정해져 있다. 이렇게 당연한 답이 나올 수밖에 없는 질문을 던지는 표현법은 (   )이다.

도치법 반복법 상징 영탄법 점층법 은유법 평시조 역설법 현대시 대구법

⑪ '겨울이 온다'에서 겨울은 계절을 의미하기도 하지만 힘겨운 상황을 의미할 수도 있다. 이처럼 어떤 말이 본래 의미 외에 다른 의미를 암시하는 것을 ( )이라고 한다.

⑫ '인연은 갈밭을 건너는 바람'에서 시적 화자는 사람의 인연을 바람에 비유하고 있다. 이 시구에는 비유법 중 ( )이 쓰였다고 볼 수 있다.

⑬ '콩 심은 데 콩 나고 팥 심은 데 팥 난다.'는 앞 구절과 뒷 구절이 대칭되는 ( )이 쓰였다.

⑭ ( )은 어구나 내용이 점점 보태어 그 뜻이 강해지고 고조되어 깊어지는 표현법이다.

⑮ '나는 너를 사랑해.'라는 문장을 단어 순서를 바꾸어 '나는 사랑해, 너를.'이라고 표현하는 표현법을 ( )이라고 한다.

⑯ ( )는 한국 문학의 다양한 시 갈래 중 개화기 이후부터 현재에 이르기까지 창작된 시를 의미한다.

⑰ 시조 중 3개의 장, 6개의 구, 45자 내외의 자수로 쓰인 시조를 ( )라고 한다.

⑱ '사랑하니까 헤어진다'에서 사랑과 헤어짐은 정반대의 의미라 논리적으로 이해하기 힘들지만 깊이 생각해 보면 상대방에 대한 사랑으로 이별을 택할 수도 있다. 이처럼 모순된 표현을 사용하여 시의 의미를 강조하는 것을 ( )이라고 한다.

⑲ '아, 강낭콩꽃보다 더 푸른 그 물결 위에'라는 시구에는 화자의 감탄이 담겨 있다. 이처럼 인간 감정을 강하게 드러낸 표현법을 ( )이라고 한다.

⑳ '가시리 가시리 잇고 나난/버리고 가시리 잇고'에서 '가시리'처럼 같은 말을 계속 사용하여 뜻을 강조하는 표현법을 ( )이라 한다.

어휘활용

♣ 다음 시 구절에 드러난 표현법을 모두 찾아 보세요.

① 돌담에 속삭이는 햇발같이

풀 아래 웃음 짓는 샘물같이

내 마음 고요히 고운 봄길 아래

오늘 하루 하늘을 우러르고 싶다

_____, _____

♣ 다음 대화의 빈칸에 적절한 낱말을 넣어 보세요.

② 😊 개화기에 우리나라는 큰 변화가 있었대. 서양 문물도 많이 받아들이게 되고 말이야.

🐻 그래서 시의 갈래도 개화기를 기준으로 나눌 수 있어. 개화기 이전은 (   ), 개

화기부터 현재까지는 (   )로 말이야.

③ 🐻 시조는 45자 내외의 짧은 길이에 많은 뜻이 담겨 있어서 인상적이야.

😊 그렇게 글자수가 적은 기본형의 시조는 (   )야. (   )처럼 중장이 길게

늘어진 시조도 있어.

🐻 난 길이가 짧은 게 좋아서 기본형이 제일 좋아!

♣ 다음 표현법에 해당하는 구나 문장을 만들어 보세요.

④

★반복법 :

★도치법 :

★설의법 :

Day 19 소설 개념 어휘 1(허구성~권선징악)

시점, 허구성, 개연성, 고전소설, 평면적구성, 작가관찰자시점,
1인칭관찰자시점, 복선, 신소설, 서사성, 현대소설, 액자식 구성,
전지적작가시점, 1인칭주인공시점, 서술자, 비현실성, 권선징악,
입체적 구성, 일대기적 구성, 피카레스크구성

 어휘 Pick

어휘사전

뜻풀이를 읽고 그에 해당하는 낱말을 찾아 쓰세요.

| ㅎ ㄱ ㅅ | 소설은 작가의 상상력을 통해 현실에 있지 않은 일을 마치 사실처럼 꾸며서 만든 이야기라는 특성. |

ㄱ ㅇ ㅅ — 소설은 꾸며낸 이야기이지만 현실에서 실제로 일어날 가능성이 있다는 특성.

ㅅ ㅅ ㅅ — 인물, 사건, 배경을 갖추고 사건이 일정한 시간의 흐름에 따라 전개되는 특성.

ㅅ ㅅ ㅈ — 소설가의 대리인으로서 소설 속 사건을 이야기해 주는 사람. 실제 존재하는 인물이나 작가 자신이 아닌 가공의 인물.

ㅅ ㅈ — 이야기를 진행해가는 서술자의 위치. 이를 통해 사건을 보는 시각, 태도 등을 알 수 있음.

1 ㅇ ㅊ ㅈ ㅇ ㄱ ㅅ ㅈ — 소설 속 '나'가 주인공이 되어 자신의 이야기를 직접 들려주는 시점.

1 ㅇ ㅊ ㄱ ㅊ ㅈ ㅅ ㅈ	소설 속 등장인물 '나'가 관찰자가 되어 주인공과 그를 둘러싼 세계를 관찰하며 서술하는 시점.
ㅈ ㄱ ㄱ ㅊ ㅈ ㅅ ㅈ	소설 속 등장인물과 그를 둘러싼 세계를 소설 밖에서 관찰하고, 그 관찰 내용을 그대로 서술하는 시점.
ㅈ ㅈ ㅊ ㅈ ㄱ ㅅ ㅈ	서술자가 모든 것을 아는 신처럼 소설 속 모든 등장인물의 마음 속 생각, 감정 등을 분석하여 서술하는 시점.
ㅍ ㅁ ㅈ ㄱ ㅅ	소설에서 사건을 시간의 흐름에 따라 '과거 – 현재 – 미래'의 순으로 배열하는 구성. 시간 순서대로 배열되어 있기에 순행적 구성이라고도 함.
ㅇ ㅊ ㅈ ㄱ ㅅ	사건이 시간적 순서에 따르지 않고 다양한 방식으로 전개되는 구성. 참신하고 독자의 호기심을 유발하는 효과가 있음.
ㅇ ㅈ ㅅ ㄱ ㅅ	그림 주변에 액자를 둘러 꾸며 주는 것처럼 바깥의 외부 이야기가 안의 이야기를 감싸고 있는 구성. 보통 내부 이야기가 소설의 핵심 내용임.
ㅍ ㅋ ㄹ ㅅ ㅋ ㄱ ㅅ	서로 다른 이야기들이 같은 주제 아래 통일되어 묶여 있는 구성. 별개의 이야기들처럼 독립적으로 보이지만 같은 인물이나 배경 등이 등장해 전체적으로 연결된 느낌을 줌.
ㅇ ㄷ ㄱ ㅈ ㄱ ㅅ	주인공의 탄생부터 죽음에 이르기까지 일생을 다루는 방식으로 사건이 전개되는 구성.

ㅂ ㅅ	앞으로 발생할 일에 대한 실마리를 제공해 주기 위해 작가가 만들어낸 장치로 다가올 상황을 암시함.
ㄱ ㅈ ㅅ ㅅ	개화기 이전에 쓰인 소설. 〈흥부전〉, 〈심청전〉, 〈홍길동전〉처럼 대체로 조선 시대에 창작됨.
ㅅ ㅅ ㅅ	개화기에 등장한 소설로 고전소설과 다른 새로운 주제와 표현 등이 특징. 개화기의 분위기가 반영되어 사회 개혁 의지나 신문화 발전에 대한 의욕 등이 담긴 작품이 많음.
ㅎ ㄷ ㅅ ㅅ	근대 이후 현재에 이르기까지 창작된 소설.
ㅂ ㅎ ㅅ ㅅ	용궁이나 선녀, 용 등 현실에서 있을 수 없는 상황을 보여 주는 고전소설의 특징.
ㄱ ㅅ ㅈ ㅇ	고전소설과 옛이야기에 많이 나타나는 주제로 착한 사람은 복을 받고 나쁜 사람을 벌을 받는다는 뜻.

어휘확인

문장의 빈칸에 적절한 낱말을 찾아 쓰세요.

**서사성 현대소설 비현실성 평면적 구성 전지적작가시점
서술자 권선징악 입체적 구성 액자식 구성 1인칭관찰자시점**

① 소설의 작가가 내세운 허구적 대리인으로 소설의 이야기를 전개해나가는 역할을 하는 사람이
(   )이다.

② 작품 속 '나'가 자신의 주변에 있는 소설의 주인공의 삶을 관찰한 내용으로 이야기를 전개해
나가는 시점은 (   )이다.

③ 소설을 구성하는 사건이 일정한 시간의 흐름에 따라 진행되는 특성을 (   )이라고
한다.

④ 외부 이야기가 마치 액자처럼 내부 이야기를 둘러싸고 전개되는 구성을 (   )이라고
한다.

⑤ 〈흥부전〉에서 놀부는 심술궂은 행동으로 벌을 받고, 동생 흥부는 착한 심성으로 복을 받는다.
이 같은 주제를 (   )이라고 한다.

⑥ 소설 밖에서 서술자가 모든 것을 다 알고 있는 신과 같은 시각으로 모든 등장인물의 상황과
심리 등을 서술하는 시점을 (   )이라고 한다.

⑦ 근대 이후 우리 민족이 우리말로 창작한 소설들을 (   )이라고 부른다.

⑧ 독자의 흥미를 유발하고 소설 흐름에 변화를 주기 위해 시간의 흐름을 뒤섞거나 다른 새로운
방식으로 사건을 전개하는 구성을 (   )이라고 한다.

⑨ 소설에서 사건을 시간의 흐름에 따라 일반적으로 전개해 나가는 구성을 (   )이라고
한다.

⑩ 〈심청전〉에서 심청이는 바다에 몸을 던진 후 용궁에서 용왕을 만나게 된다. 이처럼 현실에서
있을 수 없는 상황을 (   )이라고 한다.

시점　복선　허구성　작가관찰자시점　I인칭주인공시점
일대기적 구성　신소설　개연성　고전소설　피카레스크 구성

⑪ 독립된 여러 이야기들을 통일성이 있게 배열하여 전체적으로 연결된 느낌을 주는 구성 방식이
（　　　　　）이다.

⑫ 고대부터 개화기 이전 시기까지 우리 민족이 창작한 소설은 （　　　　） 갈래로 묶일 수 있다.

⑬ 소설에서 앞으로 일어날 사건을 암시하는 장치를 （　　　　）이라고 한다.

⑭ 소설 속의 등장인물인 '나'가 주인공이 되어 소설을 전개해 나가는 시점을 （　　　　）이라고
한다.

⑮ 소설은 꾸며낸 이야기이지만 어떤 일이 일어날 가능성이 높아지도록 내용을 전개하여 논리적
으로 그럴 듯한 （　　　　）을 갖출 필요가 있다.

⑯ 고전소설과는 다른 새로운 양식으로 개화기 때 등장한 소설 갈래는 （　　　　）이다.

⑰ 소설 속에 실제로 존재하지 않는 기기한 괴물이 등장할 때가 있는데, 이렇게 실재가 아닌 것을
마치 사실처럼 꾸며낸 소설의 특성을 （　　　　）이라고 한다.

⑱ 〈홍길동전〉은 길동이 태어나서 한 나라의 왕이 될 때까지의 일생을 다루고 있다. 이러한 소설
의 구성을 （　　　　）이라고 한다.

⑲ 서술자가 소설 밖 관찰자의 입장에서 이야기를 서술해 나가는 방식을 （　　　　）이라고 한다.

⑳ 이야기를 끌어가는 서술자가 소설 속 사건을 보는 관점을 （　　　　） 이라고 한다.

어휘 활용

♣ 다음 빈칸에 들어갈 알맞은 어휘를 쓰세요.

① 〈홍길동전〉에서 길동은 도술을 부려 자신을 죽이러 온 자객을 물리치기도 하고 분신술을 쓰기도 한다. 이처럼 사실이 아닌 일을 사실처럼 꾸며 창작한 소설의 특성을 (   )이라고 한다.

♣ 다음에서 설명하고 있는 소설의 시점을 추리하여 써 보세요.

② 이 시점의 작품을 읽으면 읽는 사람은 등장인물의 마음 속 섬세한 감정 변화까지 모두 알게 된다. 전지전능한 서술자가 모두 설명해 주기 때문인데, 이때 내용 파악은 쉬울 수 있지만 독자의 상상의 폭은 줄어들 수밖에 없다. ➡ _____

③ 소설 속 '나'라는 인물은 자신의 이야기를 서술해 나가는데, 이때 '나'의 마음을 가장 잘 아는 사람이 직접 자신의 심정을 들려주기 때문에 독자들은 주인공 '나'를 보다 친밀하게 느끼게 되는 효과가 있다. ➡ _____

♣ 다음 줄거리의 글은 어떤 구성을 하고 있는지 판단해 보세요.

④ 주몽은 물의 신의 딸인 유화부인과 하느님의 아들인 해모수의 아들로 알에서 태어났다. 그는 어린 시절부터 비범하여 태어난 지 한 달 만에 말을 하고, 활을 매우 잘 쏘았다. 그의 능력을 시기한 사람들을 피해 부여를 떠나게 된 주몽은 추적당하던 중 강을 만나 발이 묶이게 되었지만, 외할아버지인 물의 신의 도움으로 위기를 벗어나 무사히 다른 지역에 정착, 고구려를 건국한다.

➡ _____

Day 20 소설 개념 어휘 2(신화~구어체)

신화, 전설, 문어체, 한문소설, 전형적 인물, 사건, 갈등, 입체적 인물,
국문소설, 자전소설, 구어체, 평면적 인물, 배경, 민담, 주동인물, 반동인물,
직접제시, 간접제시, 개성적 인물, 판소리계소설

어휘사전

뜻풀이를 읽고 그에 해당하는 낱말을 찾아 쓰세요.

ㅅㅎ

신과 영웅이 나오는 설화의 한 갈래. 건국신화처럼 신적 능력을 지닌 존재가 등장하여 나라를 건국하거나 공을 세우는 이야기도 있음.

ㅈㅅ

뛰어난 능력을 갖춘 주인공이 등장하지만 대체적으로 비극적 결말로 끝을 맺는 설화의 한 갈래. 구체적 지역 이름과 이야기의 증거물이 드러남.

ㅁㄷ

평범한 인물이 등장하여 재미있는 사건을 통해 독자에게 교훈을 주는 설화의 한 갈래.

ㅎㅁㅅㅅ

한글 창제 전 중국의 한자를 빌려 글을 썼던 우리나라에서 한문으로 쓴 고전소설. 한글 창제 후에도 한자로 된 소설들이 꾸준히 창작됨.

ㄱㅁㅅㅅ

우리 고전소설 중 평민들도 쉽게 이해할 수 있도록 한글로 쓴 소설. 〈홍길동전〉이 남아 있는 가장 오래된 한글소설로 알려져 있음.

ㅍ ㅅ ㄹ ㄱ ㅅ ㅅ	청중이 모인 판에서 노래로 전해지던 판소리를 소설 형식으로 바꾼 것.
ㅈ ㅈ ㅅ ㅅ	작가가 자신의 삶 전체나 그 일부를 소재로 창작한 소설. 있는 그대로 쓰는 것이 아니라 나름의 가공을 거쳐 씀.
ㅈ ㄷ ㅇ ㅁ	작품 속 주인공으로, 사건을 중심적으로 이끌어가는 역할을 하는 인물.
ㅂ ㄷ ㅇ ㅁ	작가가 생각한 소설의 주제와 반대되는 행동을 하는 인물로, 주인공에 대립하여 갈등을 빚음.
ㅍ ㅁ ㅈ ㅇ ㅁ	소설이 전개되는 동안 성격의 변화가 없이 끝까지 같은 성향을 간직하는 인물.
ㅇ ㅊ ㅈ ㅇ ㅁ	소설의 흐름 안에서 어떤 사건으로 인해 본래 성격이 변화하여 다른 모습을 보여주는 인물.
ㅈ ㅎ ㅈ ㅇ ㅁ	특정한 연령층, 시대, 계층, 집단의 특성을 대표하는 인물. 해당 집단의 규범과 틀에 맞춰 행동함.
ㄱ ㅅ ㅈ ㅇ ㅁ	자신만의 독자적인 성격을 지녀 개성적인 방식으로 살아가는 인물.
ㅅ ㄱ	소설 구성의 요소로, 소설에서 인물들이 겪거나 벌이는 일. 보통 '발단-전개-위기-절정-결말'의 흐름으로 일이 전개됨.

ㄱㄷ	일이나 사정이 서로 복잡하게 뒤얽힌 상황. 한 인물 안의 내면적 갈등인 내적 갈등과, 인물과 인물, 인물과 사회, 인물과 자연, 인물과 운명과의 갈등인 외적 갈등이 있음.
ㅂㄱ	소설 구성의 한 요소로서, 소설에서 사건이 발생하는 시간과 장소. 사건이 일어나는 시간을 시간적 배경, 사건이 일어나는 장소를 공간적 배경이라고 함.
ㅈㅈㅈㅅ	서술자가 직접 인물의 성격과 내면을 설명하는 방법. 말하기(telling)라고도 함.
ㄱㅈㅈㅅ	등장인물의 겉모습과 행동, 대화 등 객관적 상황을 보여 주어 독자가 직접 인물의 내면이나 성격을 파악하게 하는 방법. 보여주기(showing)라고도 함.
ㅁㅇㅊ	일상적인 대화에서 쓰는 말이 아닌, 주로 글에서 쓰는 말투. 예스럽고 딱딱한 느낌을 줌.
ㄱㅇㅊ	글에서 쓰는 말투가 아닌, 주로 일상 대화에서 쓰는 말투. 생생하고 친숙한 느낌을 줌.

어휘확인

문장의 빈칸에 적절한 낱말을 찾아 쓰세요.

간접제시 판소리계소설 신화 한문소설
입체적 인물 갈등 반동인물 전설 문어체 개성적 인물

① 영화 속 영웅들에 반해 항상 소동을 일으키는 악당들같이 소설을 이끌어가는 주인공에 반하여 갈등을 일으키는 인물은 (   )이다.

② 조선 후기 유행했던 판소리를 글로 기록한 판소리 사설의 영향을 받아 창작된 소설을 (   )이라고 한다.

③ 소설 속 등장인물 중에 판에 박힌 듯 행동하지 않고, 자신만의 삶의 양식을 갖고 개성적 모습을 보여주는 인물을 (   )이라고 한다.

④ 소설 속 등장인물의 행동이나 인물 간 대화 등을 통해 독자들이 간접적으로 인물의 심리나 성격을 파악하게 하는 서술 방식을 (   )라고 한다.

⑤ 일상생활 대화에서 쓰이지 않는 예스러운 말투를 글로 옮긴 것을 (   )라고 한다.

⑥ 소설에서 한 인간이 자기 자신, 타인, 세상 등과 서로 복잡하게 얽혀 있는 것을 (   )이라고 한다.

⑦ 우리 글이 창제되기 전, 한문을 빌려 표현하거나 한글이 생긴 후에도 당시 시대 분위기에 맞춰 한문으로 쓴 소설들을 (   )이라고 한다.

⑧ 평범하지 않은 특출 난 능력을 지니고 태어났지만 세상 속 위험에 맞서 싸우던 중 끝내 비극적 결말을 맞는 내용의 설화를 (   )이라고 한다.

⑨ 〈벙어리 삼룡이〉에서 착하고 순진했던 삼룡이는 주인집 아들의 학대를 받고 분노에 휩싸여 집에 불을 지르고 만다. 이처럼 성격이 처음과 달라지는 인물을 (   )이라 한다.

⑩ 단군은 환인과 웅녀의 아들로 훗날 고조선을 건국하는 신적인 존재이다. 그의 일생이 담긴 글을 단군 (   )라고 한다.

주동인물 직접제시 평면적 인물 국문소설
배경 전형적 인물 민담 자전소설 사건 구어체

⑪ 소설의 서술자가 등장인물의 성격과 심리를 말하듯이 직접 표현하는 서술 방식을 (   )
라고 한다.

⑫ 일제 강점기 한 시골 마을을 무대로 사건이 전개된다면 일제시대와 시골 마을은 소설의 구성요
소 중 (   )에 해당한다.

⑬ 〈콩쥐 팥쥐〉의 '콩쥐'와 '팥쥐'처럼 소설의 시작부터 결말까지 인물의 성격, 성향이 변화 없이
이어지는 인물을 (   )이라 한다.

⑭ 〈신데렐라〉, 〈해와 달이 된 오누이〉 같이 평범한 인물들이 등장하여 어떤 사건을 겪는 과정에
서 독자들에게 교훈을 주는 이야기를 (   )이라고 한다.

⑮ '흥부'는 가난하지만 마음씨가 착했던 당시 민중들의 삶의 모습을 대표하는 인물로, 이렇게 인
물의 성격이 특정 계층의 모습을 틀에 박힌 듯 반영하면 (   )로 볼 수 있다.

⑯ 우리가 일상 대화에서 쓰는 단어들을 글로 바꾸어 쓴 문체를 (   )라고 한다.

⑰ 작가가 직접 겪은 자신의 삶을 소설로 쓴 것을 (   )이라고 한다.

⑱ 소설 속 인물들 사이에 구체적으로 전개되는 다양한 일들을 (   )이라고 한다.

⑲ 소설의 주제의식을 이끌어가는 주인공으로, 사건을 끌어가는 역할을 하는 인물을 (   )
이라고 한다.

⑳ 한글 창제 이후 우리 글로 쓰인 소설들을 통틀어 (   )이라고 한다.

어휘 활용

♣ 다음 글은 설화의 갈래 중 무엇에 해당하는지 생각해 보세요.

① 태어날 때부터 어깨 아래에 날개가 달려 있던 우투리를 임금에게 해를 당할까 싶어 부모는 지리산 자락에 숨어서 키운다. 하지만 이를 알게 된 왕은 자신의 자리를 빼앗길까 걱정하여 우투리를 죽이러 군사들을 보내고 우투리는 자신의 능력을 발휘하여 어머니가 볶아준 콩으로 갑옷을 만들고 군사들을 불러낸다. 하지만 어머니가 콩을 볶던 중 콩 한알을 먹어 미처 몸을 다 갑옷으로 보호하지 못하여 우투리는 화살을 맞고 죽게 된다. ➡ _____

♣ 다음 대화의 빈칸에 적절한 낱말을 넣어 보세요.

② 얼마 전에 판소리 공연을 봤어. 북을 치는 고수 옆에서 노래로 이야기를 전달하는 모습이 인상 깊었어.

판소리는 예전부터 전해오던 우리 이야기를 노래로 표현한 작품이 많아.

판소리를 소설로 바꾸어 표현한 (   )도 있어.

③ 나는 영화를 볼 때마다 주인공을 방해하는 악당들이 참 얄미워.

소설에서도 주인공 역할과 악역이 있잖아. 그걸 뭐라고 하더라?

줄거리를 끌어가는 인물을 (   ), 그에 반하는 악당 같은 인물은 (   )이라고 해.

♣ 소설의 갈등의 종류를 아는 대로 써 보세요.

④

Day 21 수필, 희곡/시나리오 개념 어휘(수필~효과음)

수필, 대화, 독백, 방백, 희곡, 개성적, 중수필, 간결체, 만연체, 효과음, 장, 막, 해설, 지문, 대사, 장면, 기행문, 고백적, 경수필, 현재진행, 시나리오, 스토리보드

어휘사전

뜻풀이를 읽고 그에 해당하는 낱말을 찾아 쓰세요.

ㅅㅍ	일정한 형식을 따르지 않고 인생이나 자연 또는 일상생활에서의 느낌이나 체험을 생각나는 대로 쓴 산문 형식의 글.
ㄱㅅㅈ	수필의 한 특징으로서, 글쓴이의 인생관, 세계관, 성격 등이 작품 속에 드러나는 것.
ㄱㅂㅈ	수필의 한 특징으로서, 글쓴이 자신이 직접 겪은 일이나 자신의 생각과 느낌을 솔직하게 독자에게 털어놓는 것.
ㄱㅅㅍ	일상생활에서 일어난 일과 같은 가벼운 소재로 쓴 수필.
ㅈㅅㅍ	사회의 문제점 등 철학적, 객관적, 논리적 전개가 필요한 무거운 소재로 쓴 수필.
ㄱㅎㅁ	여행 중 체험이나 여행 과정에서 느끼고 생각한 점 등을 글로 표현한 수필의 한 갈래. 여정, 견문, 감상이 드러남.
ㄱㄱㅊ	짧고 간결한 문장으로 내용을 명쾌하게 표현하는 문체.
ㅁㅇㅊ	말을 길게 늘여 표현한 문체로, 많은 어구를 사용하여 비슷한 말을 되풀이하고, 꾸미고, 설명하는 특징이 있음.

ㅎ ㄱ	연극의 대본. 지정된 무대에서 공연되기 때문에 시간과 공간, 등장인물 수의 제약이 있고 행동과 대사만으로 등장인물 심리를 표현해야 함.
ㅎ ㅅ	희곡의 첫머리에 무대장치, 인물, 배경 등을 설명하는 부분.
ㅈ ㅁ	지시문이라고도 하며, 등장인물의 행동과 표정을 지시. 그 외 무대장치, 극의 분위기, 퇴장 시기, 말투, 극의 장소, 시간 등을 지시하기도 함.
ㄷ ㅅ	극에서 등장인물이 하는 말. 인물의 성격과 극의 흐름, 주제를 드러내는 희곡의 중요 요소. 대화, 독백, 방백이 있음.
ㄷ ㅎ	등장인물 간에 서로 주고받는 대사.
ㄷ ㅂ	등장인물이 상대역 없이 혼자 하는 대사.
ㅂ ㅂ	다른 등장인물이 있음에도 홀로 하는 말. 관객에게는 들리나 극 중 다른 인물들에게는 들리지 않는 것으로 약속된 대사로 관객에게 하는 대사라고도 볼 수 있음.
ㅁ	연극이 시작될 때와 끝날 때, 긴 장막을 올리고 내리는 데서 유래된 극의 길이를 구분하는 단위.
ㅈ	사건이 진행되면서 배경이 변화하는 것으로 구분되는 단위. 여러 개의 장이 모여 막이 됨.
ㅅ ㄴ ㄹ ㅇ	영화의 대본. 희곡에 비해 시간과 공간의 제약이 적고, 등장인물 수도 무제한 등장 가능함.
ㅎ ㅈ ㅈ ㅎ	희곡과 시나리오의 특징으로 등장인물의 행동과 대사를 통해 삶을 형상화하기 때문에 모든 사건을 지금 진행되는 일처럼 표현하는 것.

ㅈ ㅁ	영화의 구성단위로 사건이 전개되는 하나의 시간과 공간의 구분 단위.
ㅅ ㅌ ㄹ ㅂ ㄷ	영상화할 장면을 그림으로 표현한 것. 극의 내용을 쉽게 이해할 수 있도록 주요 장면을 그림으로 정리함으로써 어떻게 촬영할지 계획함.
ㅎ ㄱ ㅇ	장면에 실감을 더하기 위하여 넣는 소리.

어휘확인

문장의 빈칸에 적절한 낱말을 찾아 쓰세요.

수필 대화 독백 방백 희곡 개성적 중수필
간결체 만연체 효과음 스토리보드

① 글쓴이가 사회적인 경험, 문제, 현안 등을 소재로 쓰는 (   )은 묵직한 느낌이 든다.

② 등장인물이 상대역 없이 혼자 자신의 심정을 표현하는 대사를 (   )이라 한다.

③ 문장이 길고, 한 문장 안에 내용을 자세히 담아내기 위해 단어를 많이 사용하고 꾸미는 말이 많아진 문체를 (   )라고 한다.

④ 말하고자 하는 바를 짧고 간략하게 표현하는 문체를 (   )라고 한다.

⑤ 연극 공연 시 관객에게는 들리나 상대역에게는 들리지 않는 것으로 약속하고 하는 대사를 (   )이라고 한다.

⑥ 극의 등장인물 간에 서로 주고받는 말로, 이를 통해 인물의 성격이나 심리를 간접적으로 추론할 수 있는 대사의 일종을 (   )라고 한다.

⑦ 극의 주요 장면을 그림이나 사진과 같이 시각적으로 정리하여 전반적인 내용을 파악하기 쉽게 표현한 계획표를 (   )라고 한다.

⑧ 수필은 작가의 경험을 바탕으로 자신만의 세계관, 가치관, 세상을 보는 관점 등이 담겨 있기 때문에 (   ) 문학이라 볼 수 있다.

⑨ 연극 무대 위에서 관객들에게 연기를 보여 주는 것을 목적으로 창작된 문학의 갈래를 (   )이라고 한다.

⑩ 일정한 형식 없이 붓 가는 대로 자신의 경험과 생각을 자유롭게 표현한 글을 (   )이라고 한다.

⑪ 공포 영화라 그런지 음악뿐만 아니라 부스럭거리는 (   )마저 오싹했다.

해설 지문 대사 장면 기행문 고백적 경수필 현재진행 시나리오 장 막

⑫ 수필의 글쓴이는 자신이 겪은 일을 솔직하게 독자에게 전달한다. 이러한 수필의 특성을 (   )이라고 한다.

⑬ 희곡과 시나리오는 관객에게 보여 주는 것이 목적이므로 사건이 지금 이 순간에 일어나는 것처럼 (   )의 시제로 서술된다.

⑭ 일상생활에서 작가가 느낀 생각이나 소소한 경험, 추억 등을 자신만의 문체로 가볍게 적어낸 수필을 (   )이라고 한다.

⑮ '김씨 : (거만한 자세로 위 아래로 쳐다보며) 네가 뭘 안다고 그래?'라는 희곡의 한 구절에서 괄호 안의 문구와 같이 등장인물의 행동을 제시해 주는 것을 (   )이라고 한다.

⑯ 극 갈래에서 등장인물들이 주고받는 대화나 인물들의 말 전체를 통틀어 (   )라고 한다.

⑰ 영상을 관객들에게 보여 주는 것을 목적으로 한 문학 갈래의 일종으로, 대사와 지문으로 사건을 이끌어가는 글을 (   )라고 한다.

⑱ (   )은 여행 중 작가가 경험한 여정을 중심으로 자신이 느꼈던 삶의 교훈이나 여행 중 경험에 대한 생각 등을 시간의 흐름에 따라 쓴 글이다.

⑲ 희곡의 형식 중 앞부분에서 인물과 배경, 무대장치 등을 상세히 서술하는 부분을 (   ) 이라고 한다.

⑳ 영화에서 하나의 공간에서 벌어지는 특정한 상황, 풍경을 (   )이라고 한다.

㉑ (   )은 연극의 길이를 구분하는 단위로, 극에서 줄거리의 진행이 단절되는 부분을 의미하며 장면이 모여 이루어진다.

㉒ 연극에서 막의 하위 단위로 사건이 진행되면서 배경이 바뀌는 것으로 구분되는 단위를 (   )이라고 한다.

어휘활용

♣ 다음을 읽고 ( ) 안에 적절한 글의 갈래를 쓰세요.

① 육식이 점차 증가하고 있는 현대 사회에서 많은 고기를 얻기 위해 비인간적인 방법으로 동물들을 학대하는 사례를 소재로 이의 문제점을 중심으로 글을 쓰려고 한다. 이와 같이 다소 묵직한 주제를 다루는 수필을 (   )이라고 한다.

♣ 다음 희곡의 한 대목을 보고 물음에 답하세요.

> 😮 남자 : (여자의 눈을 보고 수줍게 웃으며) 나랑 내일 미술관에 같이 가지 않을래?
>
> 😊 여자 :(기쁜 표정을 지으며) 나도 미술관 가고 싶었는데, 같이 가면 좋을 것 같다.

② 위 희곡에서 괄호 안에 담긴 글을 무엇이라고 하나요? (   )

③ 위에서 남자와 여자가 하는 말을 희곡에서는 무엇이라고 하나요? (   )

④ 희곡과 시나리오의 공통점과 차이점을 비교해 보세요.

Day 22

음운(언어의 역사성~거센소리 되기)

어휘사전

뜻풀이를 읽고 그에 해당하는 낱말을 찾아 쓰세요.

ㅇㅇㅇ ㅇㅅㅅ	시간의 흐름에 따라 언어의 형식과 의미가 변화한다는 특성. 예 옛날 국어에서는 'ㆍ(아래 아), ㅿ(반치음), ㅸ(순경음 ㅂ)' 등이 사용되었지만 현재는 소멸됨.
ㅇㅇㅇ ㅅㅎㅅ	언어는 그 사회 구성원들의 약속이므로 개인이 마음대로 바꿀 수 없다는 특성. 예 '연필'을 구성원들의 합의 없이 나 혼자 '지우개'라고 부르면 그 뜻이 통하지 않음.
ㅇㅇㅇ ㅊㅈㅅ	한정된 음운과 어휘로 무수한 단어와 문장을 만들어낼 수 있다는 특성.
ㅇㅇㅇ ㄱㅊㅅ	언어에는 반드시 지켜야 하는 규칙이 있다는 특징. 예 '꽃이 새로운 예쁘다' (X) 예 '꽃이 아주 예쁘다' (O)
ㅇㅇ	단어의 뜻을 구별해 주는 소리의 가장 작은 단위. 자음, 모음, 억양, 소리의 길이 등이 있음.
ㅂㅈㅇㅇ	음운 중에서 글자로 표시되는 음운. 자음과 모음이 있음. 예 '나무'는 'ㄴ, ㅏ, ㅁ, ㅜ'로 분절됨.

자음	말소리를 낼 때, 공기의 흐름이 발음 기관에서 장애를 받고 나오는 소리.

말소리를 낼 때, 공기의 흐름이 발음 기관에서 장애를 받고 나오는 소리.

※한글 자음 : 총 19개. 'ㄱ, ㄲ, ㄴ, ㄷ…' 등이 있음.

말소리를 낼 때, 공기의 흐름이 발음 기관에서 장애를 받지 않고 나오는 소리.

※단모음 : 'ㅏ, ㅓ'와 같이 소리 내는 동안 입술 모양이나 혀의 위치가 바뀌지 않는 모음. 총 10개.

※이중모음 : 'ㅑ, ㅕ'와 같이 입술 모양이나 혀의 위치가 바뀌는 모음. 총 11개.

어떤 단어를 발음할 때, 강약이나 고저, 장단처럼 단어의 의미를 구분해 주지만 다른 소리와 잘 나누어지지 않는 음운. 소리의 길이, 억양 등이 있음.

두 음운이 서로 만날 때, 소리내기 좋게 음운이 달라지는 현상.

음절의 끝소리 'ㄱ, ㄷ, ㅂ'이 그 뒤에 오는 자음 'ㄴ,ㅁ'(비음)과 만날 때, 서로 비슷하거나 같은 소리인 비음 'ㄴ,ㅁ, ㅇ'으로 발음되는 현상.

예 국물[궁물] : '국'의 'ㄱ' + '물'의 'ㅁ' → 'ㄱ'이 'ㅇ'으로 발음.

음절의 끝소리 'ㄴ'이 그 뒤에 오는 자음 'ㄹ'(유음)과 만날 때, 서로 같은 소리인 유음 'ㄹ'로 발음되는 현상.

예 신라[실라] : '신'의 'ㄴ' + '라'의 'ㄹ' → 'ㄴ'이 'ㄹ'로 발음.

음절의 끝소리 'ㄷ, ㅌ'이 모음 'ㅣ'를 만나 구개음 'ㅈ,ㅊ'으로 소리 나는 현상.

예 굳이[구지] : 'ㄷ' + 'ㅣ' → '디'가 '지'로 발음.

ㅇ ㅈ ㅇ ㄲ ㅅ ㄹ ㄱ ㅊ	음절의 끝소리로 발음되는 자음은 'ㄱ,ㄴ,ㄷ,ㄹ,ㅁ,ㅂ,ㅇ'뿐이라는 규칙. **예** '빛', '빗', '빚'은 모두 [빋]으로 발음.
ㄷ ㅅ ㄹ ㄷ ㄱ	'ㄱ,ㄷ,ㅂ,ㅅ,ㅈ'이 앞에 오는 소리의 영향을 받아 된소리 'ㄲ,ㄸ,ㅃ,ㅆ,ㅉ'로 발음되는 현상. **예** '감다[감따]'는 'ㄷ' 앞에 오는 소리 'ㅁ'의 영향을 받아 [ㄸ]으로 발음.
ㅌ ㄹ	두 음운 중 하나의 음운이 없어지는 현상. **예** '좋은[조은]'은 발음할 때 'ㅎ'이 탈락.
ㅈ ㅇ ㄱ ㄷ ㅅ ㅎ	겹받침(자음군)을 소리 낼 때 두 자음 중 하나만 발음되는 현상. **예** '삶[삼]'에서 'ㄹㅁ'은 'ㅁ'만 발음.
ㅊ ㄱ	원래 글자에는 없던 소리가 발음할 때 새로 생기는 현상. **예** '솜이불[솜니불]'에서 'ㅣ'모음 앞에 'ㄴ'소리가 첨가되어 발음.
ㅊ ㅇ	두 음운이 합쳐져 하나의 다른 음운으로 줄어드는 현상. **예** '가져'에서 'ㅕ'는 '가지어'의 'ㅣ'와 'ㅓ'가 합쳐져 된 것.
ㄱ ㅅ ㅅ ㄹ ㄷ ㄱ	축약 현상의 하나로 'ㄱ,ㄷ,ㅂ,ㅈ'이 'ㅎ'과 만나면 거센소리 'ㅋ,ㅌ,ㅍ,ㅊ'으로 발음되는 현상. **예** '좋다[조타]'에서 'ㅎ'과 'ㄷ'이 합쳐져 'ㅌ'으로 발음.

어휘확인

문장의 빈칸에 적절한 낱말을 찾아 쓰세요.

음운 분절음운 된소리되기 역사성 자음군단순화
모음 유음화 거센소리되기 규칙성 끝소리 규칙

① '내일 집에 갔다'는 '내일'과 '갔다'의 시제가 서로 맞지 않아 틀린 문장이 된다. 문장을 만들 때는 언어의 (   )을 잘 지켜야 제대로 된 뜻을 전달할 수 있다.

② '국화'를 발음하면 [구콰]가 되는데 이는 받침의 'ㄱ'이 'ㅎ'과 만나 축약되어 거센소리 'ㅋ'으로 변화했기 때문이다. 이와 같은 음운 현상을 (   )라고 한다.

③ 국어의 자음, 모음과 같이 글자로 표시되는 음운으로 경계를 뚜렷이 나눌 수 있는 음운을 (   )으로 본다.

④ '칼날'은 [칼랄]로 발음된다. 이처럼 'ㄴ'이 앞이나 뒤에 오는 'ㄹ'의 영향으로 'ㄹ'로 발음되는 현상을 (   )라고 한다.

⑤ 국어는 음절의 끝에서 'ㄱ, ㄴ, ㄷ, ㄹ, ㅁ, ㅂ, ㅇ'의 7개 자음으로만 발음되는데, 이를 음절의 (   )이라고 한다.

⑥ '콩'과 '통'은 자음의 차이로 인해 그 뜻이 다르다. 'ㅋ'과 'ㅌ'과 같이 말의 뜻을 구별해 주는 최소의 단위를 (   )이라고 한다.

⑦ 'ㄺ, ㄻ, ㄼ, ㄵ, ㄳ…' 등 두 개의 다른 자음이 합쳐진 자음군이 발음될 때, 두 자음 가운데 하나가 탈락하고 하나만 발음되는 현상을 (   )라고 한다.

⑧ '얼굴'은 조선 시대에는 사람의 몸 자체를 의미하는 말로 쓰였지만, 현대에는 사람의 안면 부분을 한정지어 의미하는 말로 바뀌었다. 이렇게 시대의 흐름에 따라 언어가 변화하는 특성을 언어의 (   )이라고 한다.

⑨ 국어에는 예사소리, 거센소리, 된소리가 있다. 이 중 예사소리 'ㄱ, ㄷ, ㅂ, ㅅ, ㅈ'이 뒤에 오는 소리의 영향을 받아 된소리 'ㄲ, ㄸ, ㅃ, ㅆ, ㅉ'으로 발음되는 현상을 (   )라고 한다.

⑩ 'ㅏ, ㅐ, ㅓ' 등과 같이 소리를 낼 때 공기의 흐름이 발음 기관에서 장애를 받지 않고 나오는 소리를 (   )이라고 한다.

자음 첨가 탈락 축약 변동 창조성 사회성
비음화 구개음화 비분절음운

⑪ 말의 뜻을 구별해 주는 음운 중 소리의 길이나 억양과 같이 글자로 표시되지 않아 그 경계를 분명히 나눌 수 없는 음운을 (   )이라고 한다.

⑫ '커서'는 '크'에 '-어서'가 붙어 만들어진 단어이다. 이때 모음 'ㅡ'가 사라져 '크어서'가 아니라 '커서'가 되는 현상을 (   )이라고 한다.

⑬ '나뭇잎'을 발음할 때 [나문닙]이 되는데, 이때 '뭇'은 'ㅅ'이 'ㄴ'으로 교체되어 [문]으로 발음되고 '잎'은 'ㄴ'이 (   )되어 [닙]으로 발음된다.

⑭ 우리가 말소리를 낼 때, 공기의 흐름이 발음 기관에서 장애를 받고 나오는 소리를 (   )이라고 한다.

⑮ '굳이'는 발음 시 [구디]가 아닌 [구지]로 발음되는데, 이는 모음 'ㅣ'가 'ㄷ'보다는 'ㅈ'과 발음되는 위치가 비슷하기 때문이다. 이와 같은 음운 변동 현상을 (   )로 볼 수 있다.

⑯ '밥물'은 '밤물'로 발음되는데, 이때 '밥'의 받침 'ㅂ'이 '물'의 첫소리 비음 'ㅁ'의 영향을 받아 [ㅁ]으로 발음되는 현상을 (   )라고 한다.

⑰ 우리말은 발음할 때 소리내기 쉽게 원래 글자에서 음운이 달라지기도 하는데, 이런 현상을 음운의 (   )이라고 한다.

⑱ 우리는 '사람'이라는 한 단어로 '멋진 사람', '훌륭한 사람이 되어라' 등 다양한 문장을 만들어낼 수 있다. 이와 같은 언어의 특성을 언어의 (   )이라고 한다.

⑲ '봐'는 '보아'의 줄임말로, 'ㅗ'와 'ㅏ'가 합쳐져 새로운 모음인 'ㅘ'로 변한 (   ) 현상이 일어난 것이다.

⑳ 〈책상은 책상이다〉라는 소설에서 주인공은 자기 마음대로 '침대'를 '사진'으로, '의자'를 '시계'로 바꾸어 쓰기 시작한다. 그러다 보니 나중엔 본래의 의미를 잊고 사람들과 말이 통하지 않게 된다. 그는 언어의 (   )을 무시했기 때문에 결국 사회적으로 고립된다.

♣ 다음은 언어의 특징 중 무엇에 해당하는지 쓰세요.

① 한국인이 즐겨먹는 '자장면'이 맞을까, '짜장면'이 맞을까? 본래 표준어 규정은 '자장면'으로 되어 있었기에 오랜 기간 짜장면은 틀린 말이었다. 그러나 많은 사람들이 '짜장면'이라고 부른 나머지 마침내 '짜장면'도 표준어로 인정받게 되었다. ➡ _____

♣ 다음 보기에 나타나는 음운의 교체 현상을 쓰세요.

② 천리 → [철리]　(　　　　　　　　)

③ 갈등 → [갈뜽]　(　　　　　　　　)

④ 부엌 → [부억]　(　　　　　　　　)

♣ 음운의 변동 현상은 크게 교체, 탈락, 첨가, 축약으로 나눌 수 있습니다. 아래에 나타난 음운 변동 현상은 이 중 무엇인지 쓰세요.

⑤ 삶 → [삼]　(　　　　　　　　)

⑥ 국밥 → [국빱]　(　　　　　　　　)

⑦ 놓고 → [노코]　(　　　　　　　　)

⑧ 맨입 → [맨닙]　(　　　　　　　　)

♣ 다음 빈칸에 들어갈 알맞은 개념 어휘를 쓰세요.

⑨

말의 뜻을 구별해 주는 가장 작은 단위를 음운이라고 한다. 여기에는 (　　　　　)과 (　　　　　)처럼 글자로 표현되어 쉽게 나누어질 수 있는 (　　　　　)음운과 소리의 장단, (　　　　　)과 같이 말에 실려 쉽게 나눌 수 없는 (　　　　　)음운이 있다.

Day 23 단어 1(음절~부사)

음절, 용언, 활용, 수사, 동사, 형태소, 불변어, 대명사, 수식언, 가변어, 단어, 품사, 체언, 명사, 부사, 관형사, 형용사, 자립명사, 의존명사

어휘사전
뜻풀이를 읽고 그에 해당하는 낱말을 찾아 쓰세요.

ㅇㅈ

한 번에 소리 낼 수 있는 소리의 덩어리.
예 '집으로 간다'의 음절 : 지, 브, 로, 간, 다

ㅎㅌㅅ

뜻을 가진 가장 작은 말의 단위.
예 '집으로 간다'의 형태소 : 집, 으로, 가-, -ㄴ-, -다

ㄷㅇ

홀로 자립하여 쓸 수 있는 말이나 그에 준하는 말.
예 '집으로 간다'의 단어 : 집, 으로, 간다

ㄱㅂㅇ

문장에 썼을 때 그 형태가 변하는 단어. 동사, 형용사, 서술격 조사 '이다'가 있음.
예 동사 '가다'는 문장에 쓰일 때, '가고, 가서, 갔다' 등으로 형태가 변함.

ㅂㅂㅇ

문장에 썼을 때 그 형태가 변하지 않는 단어. 명사, 대명사, 수사, 부사, 관형사, 조사(서술격 조사 제외), 감탄사 등이 있음.
예 명사 '나무, 하늘, 집' 등은 형태가 변하지 않음.

품사	단어들을 성질이 같은 것끼리 묶은 것. 형태 변화에 따라, 문장 안에서의 기능에 따라, 공통된 의미에 따라 품사를 나눌 수 있음. ※형태 변화 : 가변어, 불변어 ※기능 : 체언, 수식언, 관계언, 독립언, 용언 ※의미 : 명사, 대명사, 수사, 관형사, 부사, 조사, 감탄사, 동사, 형용사
체언	문장에서 주체적인 성분으로 쓰이는 단어. 명사, 대명사, 수사가 있음.
명사	'동생, 학교' 등과 같이 사람이나 사물, 장소 등의 이름을 나타내는 말. ※일반적 대상을 나타내는 보통명사 : 하늘, 사랑 등. ※특정한 사람의 이름이나 대상을 나타내는 고유명사 : 서울, 한라산 등.
자립명사	명사 중 홀로 쓰일 수 있는 것. 예 하늘, 산, 학교 등.
의존명사	홀로 쓰이지 못하고 다른 말에 기대어 쓰이는 명사. 예 것, 뿐 등.(앞에 꾸며주는 말이 필요함 – 예쁜 것)
대명사	명사를 대신하여 대상의 이름을 가리키는 말. ※사람을 가리키는 인칭대명사 : 나, 우리, 너, 당신, 그, 그녀, 누구, 아무 등. ※사물이나 장소를 가리키는 지시대명사 : 이것, 저것, 여기, 거기, 저기 등.
수사	사물의 수량이나 순서를 가리키는 품사. ※수량을 나타내는 양수사: 하나, 둘, 셋, 넷, … 일, 이, 삼, … ※순서를 나타내는 서수사 :첫째, 둘째, 셋째, …

ㅇㅇ	문장에서 주어를 서술하는 기능을 지닌 단어. 동사와 형용사가 있음.
ㅎㅇ	용언의 모습이 변하는 성질. 용언이 활용할 때 변하지 않는 부분을 어간이라고 하고, 변하는 부분을 어미라고 함. **예** '먹다'는 문장 안에서 '먹어, 먹고, 먹으니 등으로 다양하게 변함. 이때 변하지 않는 '먹-'은 어간, '-다'는 어미
ㄷㅅ	동작을 나타내는 말. 활용에 제약이 없어 거의 모든 문장에 쓰임. **예** '가다'의 활용 : 가다(평서형), 가니(의문형), 가는구나(감탄형), 가자(청유형). 가라(명령형), 간다(현재형) 등.
ㅎㅇㅅ	사람이나 사물의 성질 및 상태를 나타내는 말. 동사와 달리 현재형, 청유형, 명령형으로 활용할 수 없음. **예** '예쁘다'의 활용 : 예쁘다(평서형), 예쁘니(의문형), 예쁘구나(감탄형), 예쁘자(청유형 ×), 예뻐라(명령형 ×), 예쁜다(현재형 ×)
ㅅㅅㅇ	문장에서 다른 말을 꾸며 주는 역할을 하는 단어. 관형사와 부사가 있음.
ㄱㅎㅅ	체언을 꾸며 주는 말. 조사와 결합할 수 없음. **예** 새 책을 샀다. → '새'가 명사 '책'을 꾸밈.
ㅂㅅ	용언, 부사, 문장 전체를 꾸며 주는 말. **예** 너 손이 참 예쁘다. → '참'이 형용사 '예쁘다'를 꾸밈. **예** 과연 우리가 그곳에 도착할 수 있을까? → '과연'이 문장 전체 꾸밈.

어휘확인

문장의 빈칸에 적절한 낱말을 찾아 쓰세요.

활용 체언 명사 음절 단어 수식언 가변어 형용사 불변어 관형사

① 한국, 도시, 꽃, 동물 등과 같이 사람이나 사물을 지칭하는 단어를 (   )라고 한다.

② 홀로 자립하여 쓸 수 있는 말을 (   )라고 한다.

③ 형태의 변화에 따라 단어를 분류할 때, 단어의 형태가 변화하는 경우를 (   ), 변화하지 않는 경우를 (   )라고 한다.

④ 동사 '굵다'는 '통나무가 <u>굵었다</u>.', '<u>굵은</u> 빗줄기가 내린다.' 등과 같이 문장 안에서 다양한 형태로 변화한다. 이렇게 문장 안에서 각 용언이 담당하는 기능에 따라 형태가 변하는 것을 (   )이라고 한다.

⑤ '작다', '많다', '조용하다'와 같이 사람이나 사물의 성질 및 상태를 드러내는 말을 (   )라고 한다.

⑥ '방울이 딸랑 울렸다.'에서 '딸랑'과 같이 다른 말을 꾸며 주는 역할을 하는 단어를 (   )이라고 한다.

⑦ '저 동굴 안에 온갖 물건이 가득하구나.'에서 '온갖'은 명사 '물건'을 꾸며 주는 (   )로 볼 수 있다.

⑧ '푸른 하늘'은 '푸, 른, 하, 늘'로 발음되는데, 이처럼 발음을 할 수 있는 최소의 단위를 (   )이라 한다.

⑨ (   )은 문장에서 주체를 드러내는 성분으로 쓰이는 단어로 명사, 대명사, 수사가 있다.

품사　수사　용언　형태소　의존명사　동사　대명사　자립명사　부사

⑩　'먹다, 자다, 쓸다' 등과 같이 용언 중 움직임을 나타내는 단어를 (　　　　　)라고 한다.

⑪　'나, 너, 자네, 그, 저분' 등과 같이 명사를 대신하는 말을 (　　　　)라고 한다.

⑫　'반찬이 매우 짰다.'라는 문장에서 '매우'와 같이 용언을 꾸며주는 역할을 하는 품사를 (　　　　)라고 한다.

⑬　문장에서 주어를 풀이하는 말로 보통 서술어의 기능을 하는 단어를 (　　　　)이라고 한다.

⑭　(　　　　)는 사물의 수량이나 순서를 나타내는 말로, 수량을 나타내는 말과 순서를 나타내는 말로 나눌 수 있다.

⑮　명사 중 '책상, 펜, 치약' 등과 같이 홀로 쓰일 수 있는 명사를 (　　　　)라고 한다.

⑯　우리가 사용하는 단어들을 성질이 같은 것끼리 묶은 것을 (　　　　)라고 한다.

⑰　명사 중 '것, 뿐, 만큼'과 같이 혼자 쓰일 수 없고 꼭 다른 단어의 꾸밈을 받아야만 쓸 수 있는 단어를 (　　　　)라고 한다.

⑱　'저녁밥을 잘 먹니?'라는 문장은 '저녁, 밥, 은, 잘, 먹-, -니'와 같이 뜻을 가진 가장 작은 단위인 (　　　　)로 나눌 수 있다.

♣ 다음 대화의 빈칸에 들어갈 문법 개념 어휘를 쓰세요.

①

학생　선생님! 음절, 단어, 형태소의 차이를 잘 모르겠어요. 너무 어려워요.

선생님　(　　　　　　)은 하나의 뭉치로 발음되는 말소리 단위야. '산이 높고 푸르다'
는 소리 나는 대로 읽으면 [사/니/놉/꼬/푸/르/다]처럼 7개로 나누어질 수
있을 거야. 그러면 형태소는 뭘까?

학생　뜻을 가진 가장 작은 말의 단위가 (　　　　　　)니까 '산, 이, 높-, -고, 푸
르-, 다'가 되겠네요.

선생님　그렇지. 그리고 (　　　　　)는 홀로 쓸 수 있는 말이니 형태소보다는 그 단
위가 크단다. 저기서 홀로 쓰일 수 있게 나누면 어떻게 될까?

학생　'산, 이, 높고, 푸르다' 이렇게 되겠네요. 그런데 '이'는 홀로 쓰일 수 있나요?

선생님　조사 '이'는 홀로 쓰일 수는 없지만 단어 사이의 관계를 나타내 주는 역할을
하니까 단어로 보는 거야.

♣ 다음 문장의 밑줄 친 단어의 품사를 쓰세요.

② (1) 창수야, 어제 거기 갔었니? ➡ _____

(2) 드디어 어제 산 새 운동화를 신고 달렸다. ➡ _____

♣ 다음 (1), (2)에 밑줄친 부사의 차이점을 생각해보고 빈칸을 채워보세요.

③

(1) 방금 운동을 해서 너무 지쳤어.

(2) 설마 내일 눈이 오겠어?

(1)의 부사는 '지쳤어'라는 (　　　　　)을 꾸며 주고, (2)의 부사는 (　　　　　)를 꾸며 준다.

Day 24

단어 2(관계언~새말)

조사, 독립언, 단일어, 감탄사, 어근, 접사, 복합어, 합성어, 어간, 어말어미, 선어말어미, 상위어, 하위어, 동음이의어, 다의어, 새말, 파생어, 관계언, 유의어, 반의어

어휘 Pick

어휘사전

뜻풀이를 읽고 그에 해당하는 낱말을 찾아 쓰세요.

ㄱㄱㅇ	문장에서 다른 말과의 관계를 나타내 주는 단어. 다른 품사와 달리 홀로 쓰이지 못하고 앞의 말에 붙어서 그 말과 다른 말의 문법적 관계를 나타내는 역할을 함. 조사가 이에 속함.
ㅈㅅ	주로 체언(명사, 대명사, 수사) 뒤에 붙어서 다양한 문법적 관계를 나타내거나 의미를 더욱 분명하게 해 줌. ※격조사 : 문법적 관계를 나타냄. 　⑩ 이, 가, 께서, 을, 를, 의 ※보조사 : 앞말에 특별한 뜻을 더함. ⑩ 은, 는, 만, 도 ※접속조사 : 단어나 구를 같은 자격으로 연결. ⑩ 와, 과
ㄷㄹㅇ	문장의 다른 성분들과 관련되지 않고 독립적으로 쓰이는 단어. 감탄사가 속함.
ㄱㅌㅅ	말하는 이의 느낌, 누군가를 부르거나 대답하는 표현 등에 쓰이며 독립성을 갖는 단어. ⑩ 야!(부름), 어머나(감정), 네(대답) 등
ㅇㄱ	단어를 이루는 형태소 가운데 실질적 의미를 드러내는 중심 부분 ⑩ '잡히다'의 '잡-'이 어근.

148

ㅈ ㅅ	어근의 앞이나 뒤에 붙어 뜻을 더하거나 제한하는 부분. ※접두사 : 어근 앞에 붙음. **예** 풋사과 → 풋-+사과 – '풋-'은 '덜 익은'의 뜻으로 '사과'의 범위를 제한. ※접미사 : 어근 뒤에 붙음. **예** 잡히다 → 잡-+히-+-다 – 어근 '잡-'에 접미사 '-히-'가 붙어 무엇인가에 당한다는 의미를 지닌 피동의 뜻 더함.
ㅇ ㄱ	용언(동사, 형용사)이 활용할 때, 변하지 않는 부분. **예** 보다 → 보고, 보았다, 보니 : 활용될 때, 어간 '보-'는 변하지 않음. 어간에 '-다'가 붙은 말이 용언의 기본형.(먹다, 보다, 자다, 입다 등)
ㅇ ㅁ ㅇ ㅁ	어간 뒤에 붙어 변하는 부분으로 여러 가지 문법적 의미를 더해 주는 어미 중 단어의 끝에 들어가는 어미. **예** '먹기, 먹다'에서 '-기', '-다' 등
ㅅ ㅇ ㅁ ㅇ ㅁ	어말어미 앞자리에 들어가는 어미. **예** '먹었다' : '먹'(어간), '-었-' (선어말어미), '-다' (어말 어미)
ㄷ ㅇ ㅇ	하나의 어근으로 이루어진 단어. 더 이상 나누면 그 의미가 사라짐. **예** 사과, 나무, 바다, 가을 등
ㅂ ㅎ ㅇ	둘 이상의 어근이 더해지거나, 어근과 접사가 더해져 형성된 단어. 좀 더 작은 단위로 나누어질 수 있음. 합성어와 파생어가 있음.
ㅎ ㅅ ㅇ	두 개 이상 어근의 결합으로 이루어진 단어. **예** 손수건 → 손(어근)+수건(어근). 오가다 → 오-(어근)+가-(어근)
ㅍ ㅅ ㅇ	어근과 접사의 결합으로 이루어진 단어. **예** 햇과일 → 햇-(접두사)+과일(어근). 일꾼 → 일(어근)+-꾼(접미사)

ㅇㅇㅇ	말소리는 다르지만 의미가 같거나 비슷한 단어들. **예** 아버지 – 아빠, 배우다 – 공부하다 – 학습하다 등
ㅂㅇㅇ	서로 의미가 반대되거나 대립되는 단어들. 두 단어가 의미상 여러 가지 공통 요소를 가지고 있으면서 하나의 의미 요소가 다른 경우 성립. **예** 소년 – 소녀, 무겁다 – 가볍다, 선생님 – 학생 등
ㅅㅇㅇ	한 단어가 다른 단어를 포함하거나 포함되는 관계를 상하관계라고 하는데, 여기서 다른 단어를 포함하는 단어. **예** '동물 – 고양이'에서 '동물'에 해당하는 단어.
ㅎㅇㅇ	상하관계 단어 중 다른 단어에 포함되는 단어. **예** '동물 – 고양이'에서 '고양이'에 해당하는 단어.
ㄷㅇ ㅇㅇㅇ	소리는 같지만 의미가 서로 다른 단어. **예** 손 – 사람의 손, 손님, 자손 등 소리는 같지만 서로 관련되지 않은 다른 의미로 사용.
ㄷㅇㅇ	한 단어에 여러 개의 의미가 담겨 있는 단어로, 하나의 의미에서 여러 개의 의미로 분화된 것이기 때문에 의미 사이에 연관성이 있음. **예** 나는 손이 커서 큰 장갑을 껴야 해. → 사람의 신체 일부분 **예** 그 일은 손이 많이 간다 → 사람의 노력
ㅅㅁ	새로운 사물이나 개념을 표현하기 위해 새로 만들어 사용하는 말. 신조어(新造語)라고도 함. **예** 워라밸 – 일(work)과 삶(life)의 균형(valance) 등

어휘확인

문장의 빈칸에 적절한 낱말을 찾아 쓰세요.

하위어 선어말어미 조사 단일어 독립언 다의어 접사 합성어 어간 유의어

① '손질', '바느질' 등에서 '-질'은 '손', '바늘'과 같은 어근 뒤에 붙어 '그것을 가지고 하는 일'로 그 의미를 제한시켜 주므로 (   )로 볼 수 있다.

② '너는 머리가 좋구나.', '머리를 다쳐서 병원에 다녀왔다.'에서 '머리'는 그 의미가 조금씩 다르지만 서로 관련성을 보이기 때문에 (   )라고 볼 수 있다.

③ '나는 밥을 먹었다.'라는 문장에서 '는, 을'과 같이 체언에 붙어 문법적 관계를 나타내 주는 단어를 (   )라고 한다.

④ '초등학교'는 '학교'의 의미 범위 안에 포함되는 단어이다. 이렇게 다른 단어 안에 포함되는 단어를 (   )라고 한다.

⑤ '야호! 수업이 끝났다.'에서 '야호'와 같이 문장 안의 다른 말들과 관계를 맺지 않고 독립적으로 사용되는 말을 (   )이라고 한다.

⑥ '하늘, 집, 바다, 꽃' 등과 같이 하나의 어근으로 이루어진 단어를 (   )라고 한다.

⑦ '이'와 '치아'는 소리는 서로 다르지만 '입안에 있으며 무엇을 물거나 음식물을 씹는 역할을 하는 기관'이라는 비슷한 의미를 갖기 때문에 (   )라고 할 수 있다.

⑧ '돌다리'는 '돌'과 '다리'라는 어근 두 개가 합쳐져 생성된 단어이므로 (   )로 볼 수 있다.

⑨ '먹었다'에서 '-었-'은 단어의 끝에 쓰이는 어말어미 '-다' 앞에 붙어 과거의 의미를 더해 주는 (   )이다.

⑩ 용언(동사, 형용사)이 활용할 때, 변하지 않는 부분을 (   )이라고 한다.

파생어 어말어미 반의어 관계언 상위어
동음이의어 새말 어근 복합어 감탄사

⑪ '앗, 네, 어머' 등과 같이 놀람이나 느낌, 대답 등을 표현하는 단어를 (   )라고 한다.

⑫ 문장에 쓰인 단어들의 관계를 나타내는 조사와 같은 품사를 (   )이라고 한다.

⑬ '위 - 아래', '춥다 - 덥다'와 같이 서로 반대되는 뜻을 가진 단어를 (   )라고 하는데 반의어가 되기 위해서는 두 낱말 사이에 공통되는 부분도 있어야 한다.

⑭ '덮개'는 '덮-', '-개'가 합쳐져 만들어진 단어인데, '덮-'과 같이 실질적인 의미를 지닌 부분을 (   )이라고 한다.

⑮ '먹고, 먹을, 먹었다' 등에서 단어의 끝에 쓰인 어미 '-고', '-을', '-다' 등을 (   )라고 한다.

⑯ '약이 쓰다', '글을 쓰다'에서 '쓰다'는 소리가 같지만, 각각 '혀로 느끼는 맛', '서류를 작성하다' 라는 다른 의미로 쓰인다. 이때 '쓰다'는 (   )이다.

⑰ '부먹, 찍먹, 사랑꾼'과 같이 시간이 흘러 새롭게 만들어진 단어를 (   )이라고 한다.

⑱ 단어를 형성할 때, 둘 이상의 어근이 결합하거나 어근과 접사가 결합하여 만들어진 단어를 (   )라고 한다.

⑲ '곤충 - 모기'에서 '곤충'은 보다 작은 범위의 '모기'를 포함하는 (   )이다.

⑳ '장난꾸러기', '헛수고' 등 어근의 앞이나 뒤에 접사가 붙어 만들어진 단어를 (   )라고 한다.

어휘활용

♣ 단어는 단일어와 합성어, 파생어로 나누어질 수 있습니다. 다음 밑줄 친 단어들은 어떻게 이루어졌는지 분석해 보세요.

① 어제 동네 (1) <u>뒷산</u>을 올랐다. 오솔길을 걸으며 생각에 잠겼다. 요즘 일이 잘 안 풀려 내가 한 모든 일이 (2) <u>헛수고</u>가 아닌가 하는 생각에 괴로웠지만 맑은 (3) <u>공기</u>를 마시 며 걷고 나니 마음속에 (4) <u>치솟던</u> 감정들이 조금은 누그러졌다.

_____

_____

_____

♣ 다음 단어들의 의미 관계를 써 보세요.

② (1) 남자 : 여자 ➡ _____

(2) 먹다 : 섭취하다 ➡ _____

(3) 곤충 : 장수풍뎅이 ➡ _____

(4) 발(사람의 신체 부위) : 발(끈이나 줄 따위를 늘어뜨려 만든 물건) ➡ _____

♣ 다음 밑줄 친 품사가 무엇인지 쓰고 그 특징을 적어 보세요.

③ 남 : <u>얼씨구</u>, 7시까지 만나자더니 여기서 너희끼리 놀고 있냐?

여 : <u>앗!</u> 미안해. 너무 재미있어서 만나는 걸 까맣게 잊고 있었네.

_____

_____

Day 25 문장(문장~사동문)

시제, 객체높임법, 독립어, 구, 절, 홑문장, 이어진문장,
서술어, 관형어, 부사어, 상대높임법, 문장, 주어, 겸문장, 안은문장,
목적어, 보어, 주제높임법, 피동문, 사동문

어휘 Pick

어휘사전

뜻풀이를 읽고 그에 해당하는 낱말을 찾아 쓰세요.

ㅁ ㅈ	생각이나 감정을 완결된 내용으로 표현하는 최소의 언어 형식으로, 주어, 서술어 등이 갖추어져 있음. 때로 생략되기도 함.
ㅈ ㅇ	문장을 만들 때, 꼭 필요한 성분 중 하나로 문장의 동작이나 상태, 성질의 주체가 되는 말. 체언이나 체언 구실을 하는 부분에 주격조사 '이, 가, 께서'등이 붙어 나타남. **예** 꽃이 피었다. → 핀 주체가 '꽃'이므로 주어는 '꽃이'.
ㅁ ㅈ ㅇ	문장에서 꼭 필요한 성분 중 하나로 문장에서 서술어의 목적(대상)이 되는 말. 보통 서술어 바로 앞에 위치. 조사 '을/를'이 붙은 말. 때로는 조사가 생략되거나 보조사 '은/는'이 붙기도 함. **예** 나는 빵을 먹었다. → 먹은 대상이 '빵'이므로 목적어는 '빵을'.
ㅂ ㅇ	문장에서 주어의 내용을 보충하는 말. '되다/아니다' 앞에 옴. 조사 '이/가'가 붙어 나타나고, 조사는 생략되거나 다른 조사가 붙는 경우도 있음. **예** 나는 소방관이 되었다. → '되다' 앞에 온 '소방관이'가 보어.

ㅅㅅㅇ	주어의 동작, 상태, 작용, 성질 등을 풀이하는 말로 주어뿐 아니라 목적어, 보어, 부사어와도 일대일 관계를 맺음. **예** 장미가 아름답게 피었다. → 장미의 상태가 피어 있는 것이므로 '<u>피었다</u>'가 서술어.
ㄱㅎㅇ	문장에서 보통 주어, 목적어로 사용되는 체언을 꾸며 주는 역할을 하는 말. 관형어의 종류는 다음과 같음. ※관형사 : <u>새</u> 옷을 입었다. → '옷'을 꾸며줌. ※체언+관형격조사 '의' : <u>나의</u> 꿈은 비행사이다. → '꿈'을 꾸밈. ※체언 : <u>시골</u> 풍경이 아름답다. → 명사 '시골'이 '풍경'을 꾸밈. ※용언의 어간+관형사형 어미 : <u>예쁜</u> 꽃을 보니 기분이 좋아. (용언의 어간 '예쁘-' + 관형사형 어미 'ㄴ'이 '꽃'을 꾸밈.)
ㅂㅅㅇ	문장에서 용언, 관형어, 부사, 문장 전체를 수식하거나 문장이나 단어를 이어주는 말. 부사어의 종류는 다음과 같음. ※부사 : 집에 <u>빨리</u> 가자. → '가자'를 꾸밈. ※체언+부사격조사 : <u>집에</u> 간다. →'간다'를 꾸밈. ※접속부사 : 우리 학교, <u>그리고</u> 내가 발전해야 한다. → 두 단어를 이어줌.
ㄷㄹㅇ	다른 문장 성분과 직접 관련이 없는 말. 감탄사, 체언에 호격조사가 붙은 말이 있음. **예** 친구야(명사 + 호격조사 '야'), 어머(감탄사) 등
ㄱ	두 개 이상의 어절이 모여 하나의 단어와 같은 기능을 하는 말의 덩어리로, 주어와 서술어의 관계는 갖지 않음.
ㅈ	주어와 서술어의 관계를 갖지만 종결되지 않고 문장 속의 한 성분으로 안겨 있는 형식.
ㅎㅁㅈ	문장에서 주어와 서술어가 한 번만 나타나는 문장 **예** 하늘이 푸르다. → 주어(하늘이)와 서술어 (푸르다)가 각 한 번씩 나타남.

ㄱㅁㅈ	문장에서 주어와 서술어가 두 번 이상 나타나는 문장. **예** 나는 엄마가 만든 음식을 먹었다. → 문장 ① 나는 음식을 먹었다. → 문장 ② 엄마가 음식을 만들었다.
ㅇㅇㅁㅈ	한 문장이 다른 문장 안에 들어가 있을 때, 그 문장을 품은 전체 문장. 속에 들어 있는 문장은 안긴문장이라고 함. **예** 나는 <u>그가 어서 가기</u>를 바랐다. (안긴문장) (안은문장)
ㅇㅇㅈㅁㅈ	홑문장 두 개가 이어진 문장으로, 두 문장을 연결해 주는 연결 어미(-고, -니, -으면, -어서 등)에 의해 이어짐. **예** 비가 <u>오고</u> 바람이 분다. → '비가 온다'와 '바람이 분다'의 두 문장을 연결 어미 '고'로 연결.
ㅅㄷㄴㅇㅂ	높임법(어떤 대상에 대하여 높고 낮음의 정도에 따라 말로 구별하는 표현법) 중 말하는 이를 높이거나 낮추는 표현으로, 듣는 이와 말하는 이의 관계를 고려하여 말을 높이거나 낮춤. **예** 선생님이 학생에게 : 어제 숙제 다 했지? → 윗사람이 아랫사람에게 낮춤. **예** 학생이 선생님에게 : 선생님, 숙제 다 했어요. → 아랫사람이 윗사람에게 높임.
ㅈㅊㄴㅇㅂ	서술의 주체를 높이는 표현. 주격조사 '께서'와 선어말어미 '-시-'를 사용 **예** 아버지<u>께서</u> 방에 <u>들어가신다</u>. → 주어 뒤에 붙은 주격조사 '께서'와 '들어가신다'에 붙은 선어말 어미 '-시-'가 주체 '아버지'를 높임.

ㄱㅊ ㄴㅇㅂ	말하는 이가 문장의 객체인 목적어나 부사어가 가리키는 대상을 높이는 표현법. '드리다, 모시다, 여쭙다' 등의 특수한 어휘나 부사격조사 '께'를 사용함. 例 어제 아버지께 혼났다.' → '아버지'는 혼이 난 문장의 주체가 아닌 문장의 객체로 아버지를 높이기 위해 조사 '께' 사용.
ㅅㅈ	시간을 과거, 현재, 미래로 끊어 표현한 것으로 발화시(말하는 시점)와 사건시(사건 발생 시점)의 전후 관계를 고려하여 표현. ※과거시제 : 사건시가 발화시보다 앞 ※현재시제 : 사건시와 발화시 동일 ※미래시제 : 사건시가 발화시보다 뒤
ㅍㄷㅁ	주어가 남에 의해 어떤 행동을 당하는 문장. 능동문의 서술어에 피동 표현을 더해 주는 접사 '-이-, -히-, -리-, -기-'를 붙이거나 서술어 형식을 '-어지다, -되다, -게 되다'로 바꾸어 표현. 例 고양이가 쥐를 잡았다 → 쥐가 고양이에게 잡혔다. (능동문의 주어와 목적어가 피동문에서는 다른 문장성분으로 위치 변화, 서술어 '잡다'에 피동 접사 '-히-' 사용.)
ㅅㄷㅁ	주어가 동작이나 행동을 직접 하는 주동문에 대하여 주어가 다른 사람이나 대상에게 동작을 시키는 문장. 주동문의 서술어에 사동 표현을 더해 주는 접사 '-이-, -히-, -리-, -기-, -우-, -구-, -추-'를 붙이거나 '-게 하다'로 바꿈. 例 아이가 밥을 먹는다. → 엄마가 아이에게 밥을 먹인다. (새로운 주어 '엄마', 서술어 '먹다'에 사동접사 '-이-'를 붙이거나 '먹게 하다'로 형태 변화.)

문장의 빈칸에 적절한 낱말을 찾아 쓰세요.

주체높임법 목적어 안은문장 보어 피동
관형어 시제 구 부사어 홑문장

① 능동이 어떤 동작이나 행위를 주어의 힘으로 하는 것이라면, (   )은 주어가 다른 대상에 행동을 당하는 것을 나타내는 표현이다.

② 문장에서 시간적 흐름을 과거, 현재, 미래로 쪼개어 표현한 것을 (   )라고 한다.

③ '나는 윤수와 공부하기를 원했다.'에서 '나는 원했다.', '윤수와 공부하기'와 같이 주어와 서술어가 두 번 등장하고, 하나의 문장 안에 다른 문장이 포함된 것을 (   )이라고 한다.

④ '시간이 너무 빠르다.', '친구가 처음부터 좋았다.'에서 부사 '너무'와 명사에 조사가 결합된 '처음부터'와 같이 용언을 꾸며 주는 문장 성분은 (   )로 볼 수 있다.

⑤ '나는 빵을 먹었다.'의 '빵을'과 같이 문장에서 '무엇을'에 해당하는 부분으로 대상의 역할을 하는 문장 성분을 (   )라고 한다.

⑥ '할아버지께서 제주도에 가신다.'에서 조사 '께서', 선어말어미 '-시-'를 사용하여 문장의 주어인 '할아버지'를 높인 표현법을 (   )이라고 한다.

⑦ '아름다운 꽃 한 송이가 저기 피었다.'에서 '아름다운'과 '한'과 같이 체언을 꾸며주는 문장성분을 (   )라고 한다.

⑧ 주어와 서술어가 하나만 있는 문장을 (   )이라고 한다.

⑨ '나는 경찰이 되었다.'에서 주어 '나는'과 서술어 '되었다'만으로 부족한 의미를 보완해 주는 '경찰이'와 같은 문장 성분을 (   )라고 한다.

⑩ 둘 이상의 단어가 모이되 주어와 서술어의 관계는 갖지 않고 문장의 일부분을 이루는 것을 (   )라고 한다.

겹문장 서술어 이어진문장 사동 문장 상대높임법
주어 객체높임법 독립어 절

⑪ 화자와 청자의 관계에 따라 상대를 높이거나 낮추는 표현법을 (   )이라고 한다.

⑫ 목적어나 부사어와 같이 문장 안에서 동작의 대상이 되는 객체를 높이는 표현법을
(   )이라고 한다.

⑬ (   )는 문장에서 다른 말과 직접적인 관계를 맺지 않고 독립적으로 쓰이는 성분으로
감탄사를 포함한다.

⑭ 주어와 서술어의 관계가 두 번 이상 이루어진 문장을 (   )이라고 한다.

⑮ (   )은 생각이나 감정을 완결된 내용의 말로 나타내는 단위를 의미한다.

⑯ '옷을 입히다.'와 같이 상대방이 어떤 동작을 하게끔 하는 것을 나타낸 문장 표현을
(   )이라고 한다.

⑰ (   )은 둘 이상의 어절이 합쳐진 것으로 주어와 서술어의 관계가 형성되어 문장의 일
부분으로 사용되는 단위이다.

⑱ 문장에서 주체가 되는 '무엇이, 누가'에 해당하는 부분으로 조사 '이/가'가 붙어 이루어지는 문
장 성분을 (   )라고 한다.

⑲ '바람이 불고 비가 내린다.'와 같은 (   )은 두 개 이상의 홑문장이 '-고, -나, -지만'
등의 연결어미로 연결된 문장이다.

⑳ 문장을 이루는 데 필수적인 성분으로 문장의 주체인 주어의 행동, 성질, 상태 등을 설명하는 문
장 성분을 (   )라고 한다.

어휘활용

♣ 다음 빈칸에 들어갈 알맞은 문법 개념을 쓰세요.

① '물고기가 어부에게 잡혔다.'는 주어 '물고기'가 '어부'에 의해 잡힘을 당한 것이므로
( )을 표현하는 문장이라 볼 수 있다. 또한 '엄마가 아기에게 밥을 먹인다.'라는 문장
에서 주어 '엄마'는 '아기'에게 밥을 먹는 행동을 하게끔 하기 때문에 이는 ( )을 표현
하는 문장이다.

♣ 다음 밑줄친 부분의 문장 성분을 쓰세요.

② (1) 선교는 어제 학교에서 상장을 받았다. ➡ _____

(2) 어서 빨리 밥 먹고 학교에 가라. ➡ _____

♣ 다음 문장에 사용된 높임 표현의 종류를 쓰세요.

③
　　　(1) 언니가 할머니께 선물을 드린다.
　　　(2) 부모님께서는 잘 지내고 계시지?

　　(1)에서 높임의 대상은 ( )이고 '께'와 '드린다' 등을 통해 ( )이 드러난다.
　　(2)에서 높임의 대상은 ( )이고 '께서'와 '계시다' 등을 통해 ( )이 드러난다.

Day 26 담화와 화법(발화~뉴미디어)

비언어적 표현, 반언어적 표현, 강연, 토의, 원탁토의, 심포지엄,
매체, 뉴미디어, 발화, 담화, 패널토의, 토론, 화자, 청자, 맥락, 협상, 면담,
사회자, 표준어, 방언(사투리)

어휘사전

뜻풀이를 읽고 그에 해당하는 낱말을 찾아 쓰세요.

| ㅂ ㅎ | 머릿속에 있던 생각이 의사소통 상황에서 문장 단위로 실현되는 말. 화자, 청자, 상황에 따라 의미가 결정되는 언어 행위. |

| ㄷ ㅎ | 둘 이상의 문장이 모여 이루어지는 말의 단위. 발화들이 모여 이루어짐. |

| ㅎ ㅈ | 담화의 구성요소로 의사소통 상황에서 말하는 이. |

| ㅊ ㅈ | 담화의 구성요소로 의사소통 상황에서 듣는 이. |

| ㅁ ㄹ | 사건이나 상황이 서로 이어져 있는 관계나 연관성을 의미. 담화에서 이것은 의사소통이 이루어지는 구체적인 시간과 공간, 전달매체, 화자와 청자의 관계, 의사소통의 역사적, 사회적 상황 등을 의미. |

| ㅂ ㅇ ㅇ ㅈ ㅍ ㅎ | 의사소통에 영향을 미치는 표현으로 언어의 특성을 갖추지는 않음. 몸짓, 표정, 시선과 같은 것이 있음. |

ㅂㅇㅇㅈ ㅍㅎ	언어적 특성을 어느 정도는 갖춘, 의사소통에 영향을 미치는 표현. 언어에 따라오는 억양, 어조, 성량과 같은 요소를 의미함.
ㄱㅇ	어떤 주제에 대해 청중 앞에서 강의의 형식으로 이야기하는 것.
ㅌㅇ	구성원들에게 공통의 관심사에 대해 가장 바람직한 해결 방안을 찾기 위해 상호 협조적으로 논의하는 과정. 정보교환과 협의를 목적으로 함.
ㅇㅌㅌㅇ	토의 참가자가 자유롭고 평등한 분위기로 원탁에 둘러 앉아 토의하는 형식. 소규모 집단이 공동 관심사를 의논하는 토의.
ㅅㅍㅈㅇ	특정한 주제에 대해 각기 다른 방면의 전문가 3~6명이 서로 다른 관점에서 의견을 발표한 후, 청중의 질문을 받아 응답하는 형식의 토의.
ㅍㄴㅌㅇ	3~4명의 배심원들이 청중 앞에서 자신들의 의견을 발표하며 협력적으로 논의를 전개. 청중이 각 집단 대표의 발표를 듣고 스스로 판단.
ㅌㄹ	어떤 문제에 대해 상반된 견해를 지닌 사람들이 자신의 주장과 그 근거를 논리적으로 구성하여 상대방을 설득하는 말하기. 상호 경쟁적이며 자신의 주장과 설득을 목적으로 함.
ㅎㅅ	개인과 집단 사이에 각자의 주장이 다를 때, 문제를 해결하기 위해 서로 타협하고 양보하며 의견을 조정해 나가는 의사소통. 상호 이익이 중요하므로 상호의존적이며 갈등 조정과 합의가 목적임.

ㅁ ㄷ	개인과 개인이 만나 이야기를 나누는 것으로, 사적인 성격보다는 공적인 말하기 성격을 지니고 있음. 정보수집, 상담, 설득 등이 목적임.
ㅅ ㅎ ㅈ	토론을 순서에 따라 진행하는 역할. 찬성과 반대의 의견을 정리하고, 각 입장의 말하기 시간을 공평히 배분하는 역할 등을 함.
ㅍ ㅈ ㅇ	한 나라에서 표준이 되도록 정한 말. 우리나라의 경우, 교양 있는 사람들이 주로 쓰는 현대 서울말을 표준어로 규정함.
ㅂ ㅇ (ㅅ ㅌ ㄹ)	특정 지방에서 사용하는 표준어가 아닌 말. 타 지역 사람들과의 의사소통에 어려움이 있을 수 있으나 친근감과 향토적인 느낌을 주는 긍정적 효과도 있음.
ㅁ ㅊ	사람들이 자신의 생각, 정보, 지식 등을 전달하고 나눌 수 있도록 어떤 정보를 전달하는 수단. 음성언어, 문자언어를 비롯한 인쇄매체, 영상매체, 뉴미디어 등이 있음.
ㄴ ㅁ ㄷ ㅇ	정보통신 기술 발전에 따라 등장한 인터넷과 이와 관련된 다양한 디지털 매체. 스마트폰, SNS, 블로그, 유튜브 등 다양한 인터넷 매체가 이에 속함.

어휘확인

문장의 빈칸에 적절한 낱말을 찾아 쓰세요.

패널토의 심포지엄 화자 표준어 맥락
비언어적 표현 담화 매체 토의 원탁토의

① 담화 상황에서, 전하고자 하는 메시지를 듣는 이에게 전달하는 역할을 (   )라고 한다.

② (   )는 말하는 이와 듣는 이, 그리고 그들을 둘러싼 맥락으로 구성되어 있고, 일정한 상황 속에서 서로 주고받는 말을 의미한다.

③ 토의에 참가한 배심원들이 주제에 대해 토의를 벌이고, 토의 후 청중이 스스로 판단하는 방식으로 이루어지는 토의를 (   )라고 한다.

④ 우리나라의 (   )는 교양 있는 사람들이 두루 쓰는 현대 서울말로 정하고 있다.

⑤ 어떤 문제에 대해 각 분야를 대표하는 이들이 원형의 테이블에 둘러 앉아 협의하는 것을 (   )라고 한다.

⑥ 두 사람 이상이 특정 문제를 상호 협력적으로 해결하기 위해 대화로 검토하고 협의하는 과정을 (   )라고 한다.

⑦ (   )은 언어가 결부되지 않은 손짓, 표정, 몸짓, 시선 등을 담화 시 적절하게 사용하는 것을 의미한다.

⑧ 어떤 상호작용, 의미 등을 다른 곳으로 전달하는 수단을 (   )라고 하는데, 책, 텔레비전, 신문, 인터넷, SNS 등이 있다.

⑨ 특정한 주제에 대해 여러 전문가가 서로 다른 관점에서 의견을 발표하고 청중의 질문에 답하는 형식의 토의를 (   )이라고 한다.

⑩ 글이나 담화에 나타나는 일관된 내용의 흐름을 (   )이라 하는데, 상황맥락, 사회문화적 맥락 등이 있다.

반언어적 표현   발화   강연   토론   뉴미디어
협상   면담   사회자   청자   방언

⑪   상호간의 이익이 될 수 있도록 여럿이 모여 논의하는 말하기 양식을 (   )이라고 한다.

⑫   머릿속에 있던 생각이 의사소통 상황 속에서 말소리로 실현된 문장을 (   )라고 한다.

⑬   (   )는 담화 과정에서 전달되는 메시지를 듣는 사람을 의미한다.

⑭   언어와 함께 의사소통 수단으로 활용하는 말의 강약, 억양, 말투와 같은 표현 요소를
     (   )이라고 한다.

⑮   사투리는 표준어가 아닌 각 지역에 따라 다르게 쓰이는 언어를 의미하며 (   )이라고
     부른다.

⑯   하나의 주제에 대해 찬성과 반대의 입장을 지닌 양측이 자신의 견해를 상대방에게 설득하기
     위해 논리적 근거를 가지고 주장하는 말하기를 (   )이라고 한다.

⑰   알고 싶은 내용을 알아보기 위해 서로 대면한 상태에서 이야기를 나누는 것을 (   )이
     라고 한다.

⑱   인터넷이나 통신기술의 발달로 새롭게 등장한 유튜브, SNS 등의 새로운 매체를 (   )
     라고 한다.

⑲   어떤 주제에 대해 청중 앞에서 강의 형식으로 말하는 것을 (   )이라고 한다.

⑳   토론을 진행하면서 진행 과정을 이끌어가고 찬성과 반대 측에 말할 기회를 공평히 제공하는 역
     할을 하는 사람을 (   )라고 한다.

어휘활용

♣ 다음 토의 양식들의 차이점을 비교해 보세요.

① (1) 원탁토의 ➡ _____

　　(2) 패널토의 ➡ _____

　　(3) 심포지엄 ➡ _____

♣ 다음 대화의 빈칸에 들어갈 알맞은 말을 쓰세요.

②
　여 : 어제 집에 가다가 새로 생긴 음식점 간판을 봤는데 정구지 지짐이라고 쓰여 있더
　　　라. 정구지가 뭐지? 김치인가?

　남 : 우리 할머니가 충청도 사시는데 할머니 댁에서 정구지 지짐 많이 먹어봤어. 서울
　　　에서는 부추전이라고 하던데...

　여 : 그러면 정구지가 부추야? 그렇다면 부추가 (　　　　　)가 되겠네.

　남 : 그래. 부추는 다른 지방에서 정구지, 솔, 졸 등으로 말하는데 이게 (　　　　　)
　　　이 되겠지.

♣ 다음 문장의 빈칸에 들어갈 말을 쓰세요.

③ 예전에는 신문이나 책과 같은 인쇄 (　①　)로 정보를 전달 받았다면 20세기에 들어서
　는 텔레비전이나 라디오 같은 방송 (　①　)가 발달했다. 21세기 들어 정보 통신 발전
　이 이루어지면서 인터넷과 관련된 새로운 매체가 등장했는데 이를 (　②　)라고 한다.

　　　① ➡ _____
　　　② ➡ _____

Day 27 독서와 작문(서술~통일성)

논설문, 통일성, 서사, 설명, 논증, 주장, 근거, 정의, 예시, 추론, 오류, 퇴고, 설명문, 비교, 대조, 서술, 묘사, 유추, 분류, 인과

어휘 Pick

어휘사전

뜻풀이를 읽고 그에 해당하는 낱말을 찾아 쓰세요.

ㅅ ㅅ	어떤 사건이나 생각을 차례대로 표현하는 이야기 방식. 글쓴이는 글을 서술하여 독자에게 이야기를 전달함.
ㅁ ㅅ	어떤 사물이나 현실 등을 언어로 서술하는 방식의 하나로, 눈앞에서 보이는 것처럼 그려내는 것. 문학 작품에 많이 사용되는 서술방식.
ㅅ ㅅ	어떤 상황을 사건 진행 과정과 같은, 시간의 흐름에 따라 구체적으로 풀어 설명해 나가는 서술 방식.
ㅅ ㅁ	어떤 문제나 대상의 내용을 알기 쉽게 풀이하거나 자세히 표현하여 상대방이 잘 알 수 있도록 해 주는 진술 양식.
ㄴ ㅈ	특정한 문제에 대한 옳고 그름을 논리적 근거를 바탕으로 명백히 밝혀내는 과정.
ㅈ ㅇ	어떤 말이나 사물의 뜻을 명백히 밝히는 방식으로, 개념과 뜻을 규정지어 그 속성을 명확하게 하는 서술 방식.
ㅂ ㄱ	둘 이상의 대상을 견주어 보아 공통점에 초점을 맞추어 진술하는 것.
ㄷ ㅈ	둘 이상의 대상을 견주어 보아 차이점에 초점을 맞추어 진술하는 것.
ㅇ ㅅ	어떤 현상에 대해 구체적인 예를 들어 설명하는 방식으로 글의 중심 내용을 보다 구체적으로 인식하는 데 도움을 줌.

ㅇ ㅊ	두 개의 사물이 공통적 성질을 갖고 있을 때, 다른 속성도 유사할 것으로 추론하는 방식. 알려진 사실로부터 아직 밝혀지지 않은 사실을 추측하는 방식.
ㅂ ㄹ	일정한 기준에 따라 같은 성향을 가진 것끼리 나누어 설명하는 방식. 개별적인 것처럼 보이는 대상을 공통된 기준으로 묶어 설명함. **예** 지네, 새우, 게, 거미는 절지동물이다.
ㅇ ㄱ	어떤 결과를 가져온 원인, 그리고 그것에 의해 나타난 결과에 초점을 맞춰 서술하는 방식.
ㅈ ㅈ	어떤 주제에 대한 자신의 의견. 상대를 설득하기 위한 목적을 가짐.
ㄱ ㄱ	주장이 타당하고 설득력이 있도록 뒷받침하는 논리적 증거. 논거.
ㅊ ㄹ	이미 주어진 정보를 근거로 하여 다른 판단을 이끌어내는 것으로 알고 있는 정보를 바탕으로 새로운 판단을 이끌어 내는 것.
ㅇ ㄹ	논리를 맞추어 나가는 과정을 소홀히 하여 생기게 되는 추리상의 문제. 동정에 호소하는 오류, 인신공격의 오류, 성급한 일반화의 오류 등이 있음.
ㅌ ㄱ	글을 쓸 때, 생각을 거듭하여 다듬고 고치는 일. 고쳐쓰기로 부르기도 함.
ㅅ ㅁ ㅁ	정보 제공을 위한 글로, 독자가 정보를 잘 이해할 수 있도록 체계적으로 풀어 설명하는 글.
ㄴ ㅅ ㅁ	어떤 현상이나 사회의 여러 문제 등에 대한 자신의 생각을 주장하여 독자를 설득할 목적을 지닌 글로, 주장의 근거가 확실해야 함.
ㅌ ㅇ ㅅ	글이 하나의 주제 아래 일관성을 갖고 쓰여 유기적으로 잘 연결되어 있는 속성.

어휘확인

문장의 빈칸에 적절한 낱말을 찾아 쓰세요.

추론 서술 근거 퇴고 논증 분류 설명문 통일성 유추 묘사

① 독자에게 정보를 전달하기 위한 목적으로 어떤 주제를 알기 쉽게 풀어 설명한 글을 (   )이라고 한다.

② 소설 등 문학 작품에서 많이 사용되는 방식으로 어떤 대상을 눈앞에 보이듯이 그려내는 서술 방식을 (   )라고 한다.

③ 글을 쓸 때에는 여러 번 다시 생각하고 고쳐나가는 과정이 필요한데, 이를 (   ), 혹은 고쳐쓰기라고 한다.

④ 처음부터 드러나 있지 않은 범인을 소설 내용을 통해 누구인지 추리해 나가는 추리소설처럼 알고 있는 정보를 통해 새로운 판단을 이끌어내는 것을 (   )이라고 한다.

⑤ 자신이 내린 어떤 판단에 대하여 증거를 기반으로 증명해 내는 것을 (   )이라고 한다.

⑥ 시, 소설, 수필, 희곡과 같은 글이 문학이라는 큰 범위에 속하는 것과 같이 어떤 대상을 공통적 성질을 바탕으로 나눈 것을 (   )라고 한다.

⑦ 자신의 주장을 펼칠 때, 그 의견에 대한 이유가 있어야 하는데, 이렇게 의견의 옳음을 보여 주는 증거나 자료를 (   )라고 한다.

⑧ (   )는 두 개의 사물이 여러 측면에서 비슷하다는 것을 근거로 다른 점도 비슷할 것이라고 추리하는 방식을 의미한다.

⑨ 사건이나 생각 등을 차례대로 써나가는 것을 (   )이라고 한다.

⑩ 글에서 내용 구성이 하나의 주제를 중심으로 일관성 있게 전개되어야 한다는 특성을 (   )이라고 한다.

대조 인과 주장 비교 정의 오류 서사 예시 논설문 설명

⑪ (   )는 둘 이상의 사물을 견주어 볼 때, 그 사이의 공통점을 찾아내는 것이다.

⑫ 둘 이상의 사물을 견주어 보아 그 사이에서 차이점을 찾아내는 것을 (   )라고 한다.

⑬ 어떤 상황이나 사물에 대한 자신의 견해를 설득적으로 밝히는 것을 (   )이라고 한다.

⑭ 논리와는 관계없는 사항을 끌어와 추리를 바르지 못하게 하는 것을 (   )라고 한다.

⑮ (   )는 원인과 결과라는 뜻으로 어떤 결과를 유발한 원인, 혹은 어떤 원인으로 일어난 결과를 분석하는 진술 방식이다.

⑯ 설명을 할 때, 구체적인 예를 들어 글의 주제와 내용이 보다 잘 이해될 수 있도록 하는 진술 방식을 (   )라고 한다.

⑰ 사회 문제나 현상 등에 대해 비판적으로 사고하고 문제를 제기하며 자신의 생각을 주장함으로써 독자를 설득할 목적으로 쓰인 글을 (   )이라고 한다.

⑱ '청소년이라 함은 만 19세 미만인 사람을 말한다.'와 같이 어떤 말의 뜻을 명확히 밝혀 규정하는 설명 방식을 (   )라고 한다.

⑲ 어떤 상황이나 사태에 대해 상대방이 그 이유와 결과 등을 잘 이해할 수 있도록 알기 쉽게 밝히는 것을 (   )이라고 한다.

⑳ 사건의 진행이나 상황의 변화, 인물의 심리 등을 시간의 흐름에 따라 표현하는 서술 방식을 (   )라고 한다.

어휘활용

♣ 다음 대화의 빈칸에 들어갈 글의 종류를 쓰세요.

① 😎 어제 모기에 물렸는데, 갑자기 모기가 왜 사람을 무는지 궁금해져서 이런 저런 조사를 해보니 흥미롭더라. 인터넷에 글을 올려봐야겠는데 어떻게 쓰면 좋을까?

🐻 네가 아는 정보를 알기 쉽게 표현한 글이니까 (   )이라고 볼 수 있겠네. 일단 독자의 수준이 어느 정도인지 생각해 보고 주제를 쉽게 풀어 설명하면 되겠지.

😎 그리고 우리 동네에 모기가 참 많이 생겼는데 그건 우리 공공 위생과도 관련되는 부분이라 구청에서 모기 방역 담당 부서를 따로 설립해서 관리해야 한다는 의견도 올리려고 해.

🐻 그렇다면 그건 네 주장이 담긴 글이고, 구청 담당자를 설득해야 하니 (   )의 양식으로 쓰면 되겠구나.

♣ 다음 글에 나타난 주된 진술방식을 2가지 정도 쓰세요.

② 흔히 신조어라고도 불리는 새말은 새로 생겨난 말, 혹은 새롭게 들어온 외래어를 의미한다. 인터넷 보급으로 인해 신조어는 급속히 늘어났는데, 근래 들어 많이 쓰이고 있는 새말로는 보배, 워라밸, 소확행 등을 들 수 있다.

➡ _____

♣ 다음 빈칸에 들어갈 논리적 오류를 쓰세요.

③ 눈을 가린 사람들이 각자 코끼리를 만졌다. 코를 만진 사람들은 코끼리가 길다고 했고, 배를 만진 사람은 벽처럼 단단하다, 다리를 만진 사람은 원모양의 기둥 같다고 했다. 그들의 말은 모두 정확하지 않다. 일부분만 보고 코끼리를 판단했기 때문이다.

➡ 이와 같이 몇 가지 사례만 가지고 전체를 판단할 때 생기는 오류를 _____라고 한다.

Day 28 관용어 모음(머리를 굴리다~시치미를 떼다)

전철을 밟다, 오지랖이 넓다, 시치미를 떼다, 코가 꿰이다, 입에 거미줄 치다,
손을 잡다, 발벗고 나서다, 골탕을 먹다, 머리를 굴리다, 눈에 밟히다,
감투를 쓰다, 뿌리를 뽑다, 뒤가 구리다, 미역국을 먹다, 고배를 마시다,
호박씨를 까다, 파김치가 되다, 배가 아프다, 뼈를 깎다, 경을 치다

어휘사전 뜻풀이를 읽고 그에 해당하는 낱말을 찾아 쓰세요.

ㅁ ㄹ 를 굴리다
머리를 써서 해결방안을 생각해내다.
참고 : 머리를 맞대다 → 어떤 일을 서로 의논하다.

ㄴ 에 밟히다
잊히지 않고 자꾸 눈에 떠오르다.
참고 : 눈이 번쩍 뜨이다 → 정신이 들다.

ㅋ 가 꿰이다
나른 사람에게 약점을 잡히다.
참고 : 코가 납작해지다 → 기가 죽다.
코가 솟다 → 자랑할 일이 있어 우쭐하다.

ㅇ 에 거미줄 치다
매우 가난하다.
참고 : 입이 짧다 → 음식을 까다롭게 가려먹다.
입을 모으다 → 여러 사람이 같은 의견을 내다.
입이 무겁다 → 비밀을 잘 지킨다.

ㅅ 을 잡다
서로 힘을 합쳐 돕다.
참고 : 손이 크다 → 씀씀이가 후하다.
손에 익다 → 일이 손에 익숙해지다.

ㅂ 벗고 나서다
협력이 필요한 일에 적극적으로 참여하다, 가담하다.
참고 : 발이 넓다 → 사람을 잘 사귀어 아는 이가 많다.
발에 채다 → 흔하게 널려 있어 발에 차일 정도로 많다.

ㅂ 가 아프다	남이 잘되는 것을 보면 약이 오른다. 참고 : 배를 불리다 → 자기 욕심을 채우다.
ㅃ 를 깎다	몹시 견디기 어려울 정도로 힘겹다. 참고 : 뼈만 남다 → 사람이 지나치게 마르다. 여위다.
ㄱ 을 치다	옛날 도둑들에게 죄명을 먹으로 써넣는 '경'이라는 형벌이 있었는데, 이 형벌을 당할 정도로 막되고 혼날 일을 저질렀을 때 사용.
ㄱ ㅌ 을 먹다	'곯다'는 속으로 큰 병이 드는 것을 의미하는데, '골탕'이 이와 발음이 비슷하여 큰 손해를 보거나 곤혹스러운 상황에 처함을 의미하는 관용 표현으로 사용.
ㄱ ㅌ 를 쓰다	감투는 머리에 쓰던 일종의 모자로, 어떤 단체에서 벼슬자리나 높은 자리에 오른 것을 이를 때 사용.
ㅃ ㄹ 를 뽑다	생명체가 자랄 수 있는 근원인 뿌리를 뽑게 되면 근원이 사라져 더 이상 자랄 수 없게 된다는 점에서, 어떤 것이 생겨나고 자랄 수 있는 근원을 없애 버린다는 의미로 사용.
ㄷ 가 구리다	어떤 이에게 숨겨둔 약점이나 잘못이 있는 경우 사용.
ㅁ ㅇ ㄱ 을 먹다	구한말 일제에 의해 우리 군대가 강제로 해산(解散)되었는데, 이 말소리가 아이를 낳는다는 해산(解産)과 같아 아이 낳은 후 미역국을 먹듯 군인들이 일자리를 잃은 상황을 연관시켜 표현하기 시작. 현재는 직장에서 해고되거나 시험에서 떨어지는 등 부정적 상황에 사용.
ㄱ ㅂ 를 마시다	고배(苦杯)는 '쓴 술잔'을 의미하는데, 쓴 맛이 나는 술을 마시게 된 것이므로 삶에서 쓰라린 경험을 하게 되는 경우에 사용.
ㅎ ㅂ ㅆ 를 까다	보통 늙은 호박의 씨를 말려 간식으로 먹곤 하는데, 호박씨를 까서 먹으면서 다른 이들의 흉을 보는 모습에서 착안, 겉으로는 얌전한 척하지만 속으로는 다른 행위를 할 때 사용.

ㅍ ㄱ ㅊ 가 되다	파로 만든 김치가 다 익으면 파의 줄기 부분이 축 늘어지는데, 이 모습이 마치 지쳐 늘어진 사람 모습 같다고 하여 몹시 피곤하거나 늘어진 모습을 표현할 때 사용.
ㅈ ㅊ 을 밟다	전철(前轍)은 앞에 지나간 수레바퀴 자국으로, 먼저 나아간 길을 따라 간다는 의미인데, 특히 앞사람의 잘못을 반복하게 되었을 때 사용.
ㅇ ㅈ ㄹ 이 넓다	겉옷의 앞자락을 오지랖이라고 하는데, 오지랖이 넓으면 다른 옷을 그만큼 더 덮게 된다. 다른 옷을 덮어 가리는 것처럼 다른 사람의 일에 지나치게 간섭하고 관심을 갖는 사람을 표현할 때 사용.
ㅅ ㅊ ㅁ 를 떼다	옛날 우리나라는 매사냥을 많이 했는데, 매를 길들인 주인이 그 꽁지깃에 자신의 이름이 적힌 이름표를 매어 표시를 함. 이 표시를 평안도 사투리로 시치미라고 하는데 이를 떼고 자신의 것인 양 행동하는 사람들이 있어 이처럼 자신이 하고도 모르는 체할 때 사용.

어휘확인

문장의 빈칸에 적절한 낱말을 찾아 쓰세요.

**파김치가 되다　경을 치다　코가 꿰이다　시치미를 떼다　입에 거미줄 치다
손을 잡다　고배를 마시다　발 벗고 나서다　미역국을 먹다　뼈를 깎다**

① 큰 잘못으로 호된 꾸지람을 듣거나 큰 벌을 받아야 할 경우를 (　　　　)라고 한다.

② 여러 사람이 서로 힘을 합쳐 돕는다는 의미로 (　　　　)라는 관용구를 쓴다.

③ 뭔가 약점이 잡혀 불리한 상황에 처했을 때, (　　　　)라는 관용구를 쓴다.

④ 파김치가 익으면 풀이 죽는 것처럼 매우 지친 모습을 표현할 때, (　　　　)라는 관용구를 쓴다.

⑤ 어떤 직위에서 물러나거나 시험에 떨어졌을 때, (　　　　)라는 표현을 관용적으로 사용한다.

⑥ 자신이 하고도 모른 체할 때, '(　　　　)를 떼다'라는 표현을 쓴다.

⑦ (　　　　)는 어떤 일을 자기 일처럼 적극적으로 나서서 하는 상황일 때 쓰이는 표현이다.

⑧ '(　　　　)에 거미줄 치다.'는 가난하여 오랜 기간 먹지 못하고 굶은 상황을 의미한다.

⑨ 몹시 견디기 힘든 고통을 의미할 때, (　　　　)라는 표현을 쓴다.

⑩ 쓴 술잔을 마셨다는 의미로 실패를 하고 말았을 때, (　　　　)라는 표현을 쓴다.

감투를 쓰다   골탕을 먹다   뿌리를 뽑다   뒤가 구리다   배가 아프다
머리를 굴리다   호박씨를 까다   전철을 밟다   오지랖이 넓다   눈에 밟히다

⑪ '그는 비밀을 숨기고 있어 뒤가 구렸다.'에서 (   )는 숨겨둔 약점이나 잘못이 있음을
의미한다.

⑫ 이전에 지나간 수레바퀴 자국을 따라 간다는 뜻으로 앞사람의 잘못된 길을 똑같이 따라가게 되
는 경우를 '(   )을 밟다.'라고 표현한다.

⑬ 한 번에 큰 손해를 입거나 낭패를 맛보게 됨을 표현할 때, (   )라는 관용구를 쓴다.

⑭ 잊지 못하고 계속 눈앞에 떠오르는 사람이나 사물이 있을 때, '(   )에 밟히다'라는 표
현을 쓴다.

⑮ 벼슬자리나 높은 직위를 얻게 되었을 때, '(   )를 쓰다'라는 표현을 쓴다.

⑯ 머리를 써서 어떤 해결방안을 찾을 때, '(   )를 굴리다'라는 관용 어구를 쓴다.

⑰ 식물의 근원인 뿌리가 뽑히면 자라지 못하는 것처럼 (   )는 어떤 것이 자라날 수 있는
근원을 없애 버리는 것을 의미한다.

⑱ '사촌이 땅을 사면 (   )가 아프다.'라는 말이 있는데, 이는 남이 잘된 경우 심술이 나
는 것을 의미한다.

⑲ (   )은 웃옷의 앞자락을 의미하는 말로, 이것이 넓다는 의미는 웃옷의 앞자락이 넓으
면 다른 옷까지 감싸는 것처럼 다른 사람의 일에 지나치게 간섭하고 참견하는 것을 뜻한다.

⑳ 겉으로는 안 그런 척하며 뒤로 음흉한 행동을 하는 것을 '(   )를 깐다'라고 한다.

어휘활용

♣ 다음 빈칸에 공통적으로 들어갈 단어를 쓰세요.

(1) (1) (　　　　　)이 짧다. (음식을 까다롭게 가려먹다),

(2) (　　　　　)을 모으다. (여러 사람이 같은 의견을 내다)

(3) (　　　　　)이 무겁다. (비밀을 잘 지킨다)

♣ 다음 대화에 알맞은 어휘를 쓰세요.

(2) 우리 반 지현이 말이야. 회장이 되더니 너무 참견이 심한 것 같아.

그러게. (　　　　　) 하나 썼다고 자기가 선생님인 줄 알아.

친구들 일에 (　　　　　) 벗고 나서는 걸 보면 애는 참 착한 것 같은데.

♣ 다음 빈칸에 알맞은 단어를 써 보세요.

(3)
2019 국제 축구대회에서 개최국인 OO국은 아쉽게도 16강에 탈락하여 (　①　) 를 마셨습니다. 유럽 리그에서 뛰는 세계적인 공격수 OOO이 무릎 부상으로 경기에 참여하지 못한 것도 패배의 한 원인이 되었습니다. OO국 감독은 오늘의 패배를 교훈으로 삼아 (　②　)를 깎는 노력을 기울여 내년에는 반드시 8강에 진출하겠다는 의지를 다졌습니다.

Day 29 한자성어 모음 1(가렴주구~부화뇌동)

남가일몽, 노심초사, 다다익선, 근묵자흑, 명약관화, 대기만성, 대동소이,
계란유골, 고진감래, 동병상련, 동상이몽, 결초보은, 경거망동, 맥수지탄,
목불식정, 문일지십, 부화뇌동, 가렴주구, 간담상조, 견강부회

어휘사전

뜻풀이를 읽고 그에 해당하는 낱말을 찾아 쓰세요.

ㄱㄹㅈㄱ (苛斂誅求)
苛 매울 가, 斂 거둘 렴, 誅 벨 주, 求 구할 구
세금이나 세금 대신 받는 공물을 가혹하게 거둬들여 백성들을 괴롭게 함.

ㄱㄷㅅㅈ (肝膽相照)
肝 간 간, 膽 쓸개 담, 相 서로 상, 照 비출 조
간과 쓸개를 서로 보인다는 뜻으로, 친구 간에 마음을 열고 사귀는 것.

ㄱㄱㅂㅎ (牽强附會)
牽 끌 견, 强 굳셀 강, 附 붙을 부, 會 모일 회
맞지 않는 주장을 하며 억지로 끌어다 붙여 맞는 것처럼 보이게 만드는 것. 가당치 않은 말을 끌어다 자신에게 유리하도록 만드는 상황을 이름.

ㄱㅊㅂㅇ (結草報恩)
結 맺을 결, 草 풀 초, 報 갚을 보, 恩 은혜 은
풀을 묶어 은혜를 갚는다는 뜻으로, 죽어서라도 은혜를 갚음을 뜻함.

ㄱㄱㅁㄷ (輕擧妄動)
輕 가벼울 경, 擧 들 거, 妄 허망할 망, 動 움직일 동
도리나 사정을 생각하지 않고 경솔하게 행동하는 것을 뜻함.

ㄱ ㄹ ㅇ ㄱ
(鷄卵有骨)

鷄 닭 계, 卵 알 란, 有 있을 유, 骨 뼈 골
계란에도 뼈가 있다는 뜻으로, 운이 나쁜 사람은 기회가 와도 일이 잘 되지 않음을 이름.

ㄱ ㅈ ㄱ ㄹ
(苦盡甘來)

苦 쓸 고, 盡 다될 진, 甘 달 감, 來 올 래
쓴맛이 다하면 단맛이 온다는 뜻으로, 고생 끝에 낙이 온다는 의미.

ㄱ ㅁ ㅈ ㅎ
(近墨者黑)

近 가까울 근, 墨 먹 묵, 者 놈 자, 黑 검을 흑
먹을 가까이 하면 검은 색으로 물드는 것처럼 나쁜 사람과 가까이하면 안 좋은 버릇이 생기게 됨을 이름.

ㄴ ㄱ ㅇ ㅁ
(南柯一夢)

南 남녘 남, 柯 자루 가, 一 한 일, 夢 꿈 몽
꿈과 같이 헛된 한때의 부귀영화를 이르는 말.

ㄴ ㅅ ㅊ ㅅ
(勞心焦思)

勞 일할 노, 心 마음 심, 焦 그을릴 초, 思 생각할 사
마음으로 애를 쓰며 속을 태운다는 뜻.

ㄷ ㄷ ㅇ ㅅ
(多多益善)

多 많을 다, 多 많을 다, 益 더할 익, 善 착할 선
많으면 많을수록 더 좋다는 뜻.

ㄷ ㄱ ㅁ ㅅ
(大器晚成)

大 큰 대, 器 그릇 기, 晚 늦을 만, 成 이룰 성
큰 그릇을 만드는 데는 시간이 오래 걸린다는 뜻으로, 크게 될 사람은 늦게 이루어짐을 이름.

ㄷ ㄷ ㅅ ㅇ
(大同小異)

大 큰 대, 同 한가지 동, 小 작을 소, 異 다를 이
큰 차이 없이 거의 같음.

ㄷㅂㅅㄹ (同病相憐)	**同 같을 동, 病 병 병, 相 서로 상, 憐 불쌍히 여길 련** 같은 병을 앓고 있는 사람은 서로 불쌍히 여긴다는 뜻으로, 어려운 처지에 있는 사람끼리 서로 가엾게 여김을 이름.
ㄷㅅㅇㅁ (同床異夢)	**同 같을 동, 床 자리 상, 異 다를 이, 夢 꿈 몽** 같은 자리에서 잠들어도 다른 꿈을 꾼다는 뜻으로, 겉으로는 같은 입장인 듯 보이지만 실제로는 다른 생각을 품고 있는 경우를 이름.
ㅁㅇㄱㅎ (明若觀火)	**明 밝을 명, 若 같을 약, 觀 볼 관, 火 불 화** 밝기가 마치 불을 보는 것처럼 환하다는 뜻으로, 어떤 일을 매우 확실하고 명백하게 알 수 있음을 이름.
ㅁㅅㅈㅌ (麥秀之嘆)	**麥 보리 맥, 秀 빼어날 수, 之 갈지, 嘆 탄식할 탄** 고국이 멸망한 것을 한탄함, 혹은 과거 화려했던 곳의 모습이 변하자 슬퍼함을 뜻함.
ㅁㅂㅅㅈ (目不識丁)	**目 눈 목, 不 아닐 불, 識 알 식, 丁 고무래 정** 가장 알아보기 쉬운 한자인 '정(丁)' 자도 못 알아본다는 뜻으로, 글도 모르는 무식한 사람을 이름.
ㅁㅇㅈㅅ (聞一知十)	**聞 들을 문, 一 한 일, 知 알지, 十 열 십** 하나를 들으면 열을 안다는 뜻.
ㅂㅎㄴㄷ (附和雷同)	**附 붙을 부, 和 화할 화, 雷 우레 뇌, 同 같을 동** 뚜렷한 소신 없이 남의 의견에 따라 움직임을 뜻함.

어휘확인

문장의 빈칸에 적절한 낱말을 찾아 쓰세요.

대동소이   견강부회   다다익선   결초보은   경거망동
동병상련   고진감래   부화뇌동   맥수지탄   남가일몽

① 어머니가 편찮으신 친구를 보고 자신도 같은 상황에 처해 봤기에 그 심정을 이해하고 위로하는 것처럼 같은 처지에 있는 사람끼리 서로에게 연민을 갖고 도움을 주는 것을 (   )이라고 한다.

② 이치에 맞지 않는 말을 억지로 끌어다 붙여 자신에게 유리하도록 맞추는 것을 (   )라고 한다.

③ 한때의 부귀영화와 같이 덧없는 꿈을 의미하는 한자성어는 (   )이다.

④ 천둥소리에 맞춰 만물이 움직이듯 자신의 소견 없이 남이 움직이는 대로 따라가는 것을 (   )이라고 한다.

⑤ 카메라 성능, 통화 품질이 거의 같고 디자인만 살짝 다른 핸드폰을 비교할 때, 두 가지 이상의 대상이 거의 같고 차이가 별로 없으므로 (   )하다고 표현할 수 있다.

⑥ 엄숙한 공식 행사에서 떠들며 수다를 떠는 사람을 보았을 때, 우리는 (   )하지 말라고 얘기할 수 있다.

⑦ 쓴맛이 다하면 단맛이 온다는 의미로, 고생 끝에 낙이 온다와 같은 의미를 가진 한자성어는 (   )이다.

⑧ 한때 융성했던 곳이 폐허가 된 것을 한탄함을 의미하는 한자성어는 (   )이다.

⑨ 죽어서도 잊지 않고 은혜를 갚는 것을 (   )이라고 한다.

⑩ 많으면 많을수록 유리함을 일컬을 때 (   )이라고 한다.

가렴주구   대기만성   계란유골   문일지십
명약관화   간담상조   노심초사   목불식정   동상이몽   근묵자흑

⑪ 하나를 들으면 열을 알 정도로 총명한 사람을 일컫는 말을 (   )이라 한다.

⑫ 마치 간과 쓸개를 서로 보이는 것처럼 마음을 터놓고 친밀하게 사귀는 것을 (   )라고 한다.

⑬ 마음으로 애를 쓰며 고민에 빠져 있는 것을 (   )라고 한다.

⑭ 여러 명목의 세금을 가혹하게 걷어서 백성들을 힘겹게 하는 현실을 (   )라고 한다.

⑮ 한자리에 함께 자면서도 서로 다른 생각을 한다는 뜻으로, 겉으로는 같은 행동을 하지만 속마음은 서로 다름을 의미하는 한자성어는 (   )이다.

⑯ 계란에 뼈가 있다는 의미로, 운이 없는 사람은 아무리 좋은 기회가 와도 일이 잘 되지 않음을 의미하는 한자성어는 (   )이다.

⑰ 큰 그릇은 늦게 완성된다는 의미로, 크게 될 인물은 늦게 빛을 본다는 의미의 한자성어는 (   )이다.

⑱ 마치 불을 보는 것처럼 환히 보이는 분명한 것을 뜻하는 말을 (   )라고 한다.

⑲ 나쁜 이와 함께 하면 자신도 물이 들어 나빠진다는 의미의 한자성어는 (   )이다.

⑳ '낫 놓고 기역자도 모른다'는 우리 속담과 통하는 말로, 무식한 사람을 가리키는 말은 (   )이다.

♣ 다음 대화의 빈칸에 들어갈 한자성어를 쓰세요.

① 백성 1 : 집 뜰 안에 있는 나무에도 세금을 거두다니… (   ) 한 관리들 같으니라고…

　백성 2 : 매일같이 가혹한 세금에 시달리는 것이 자네와 내 처지가 같네 그려. (   )
　　　　　이라고 서로 도와가며 이 어려움을 이겨내세.

♣ 다음 대화의 빈칸에 들어갈 알맞은 한자성어를 쓰세요.

② 어제 집에 가는 길에 보니 그동안 엄청 잘 나가던 옷가게가 문을 닫고 폐허처럼 방치되어
　있더라. 너무나 변한 모습이 (   )이라고 마음이 좀 아팠어.

　그 가게 주인이 장사 잘 된다고 우리 학교 아이들이 가면 그렇게 불친절하게 대하더니…
　역시 옳지 못한 방식으로 부를 쌓은 것은 허망하게 사라질 수밖에 없어. (   )이
　따로 없구나.

♣ 다음 글의 밑줄 친 고사성어의 의미를 써 보세요.

③ 학생 : 선생님, 이번에 추천서 잘 써주신 덕에 원하던 장학금을 받을 수 있게 되었어요. 감사합
　　　　니다. 결초보은할게요.

　선생님 : 무슨 말을. 다 네가 열심히 한 덕분이지. 혹 결과가 잘 안 나올까 싶어 노심초사하고
　　　　　기다렸는데 다행이야.

_____

_____

_____

Day 30
한자성어 모음 2(사면초가~환골탈태)

어부지리, 언중유골, 절차탁마, 천재일우, 상전벽해, 설왕설래, 십시일반,
아전인수, 안분지족, 전전긍긍, 좌불안석, 타산지석, 환골탈태, 역지사지,
염화미소, 사면초가, 사상누각, 용두사미, 유비무환, 자업자득

어휘사전

뜻풀이를 읽고 그에 해당하는 낱말을 찾아 쓰세요.

ㅅㅁㅊㄱ
(四面楚歌)

四 넉 사, 面 낯 면, 楚 가시나무 초, 歌 노래 가
사방이 모두 적에게 막혀 고립된 상태로, 누구의 도움도 받을
수 없는 상황을 뜻함.

ㅅㅅㄴㄱ
(砂上樓閣)

沙 모래 사, 上 위 상, 樓 다락 누, 閣 문설주 각
모래 위에 누각을 세운 것처럼 오래가지 못할 일이나 실현 불
가능한 일을 뜻함.

ㅅㅈㅂㅎ
(桑田碧海)

桑 뽕나무 상, 田 밭 전, 碧 푸를 벽, 海 바다 해
뽕나무밭이 푸른 바다가 된다는 뜻으로, 세상일의 변천이 심
함을 이름.

ㅅㅇㅅㄹ
(說往說來)

說 말씀 설, 往 갈 왕, 說 말씀 설, 來 올 래
옳고 그름을 따지기 위해 서로 말이 오고 감을 뜻함.

ㅅㅅㅇㅂ
(十匙一飯)

十 열 십, 匙 숟가락 시, 一 한 일, 飯 밥 반
밥 열 술이 한 그릇이 된다는 뜻으로, 여러 사람이 조금씩 힘
을 합하면 한 사람을 돕기 쉬움을 이름.

ㅇㅈㅇㅅ
(我田引水)

我 나 아, 田 밭 전, 引 끌 인, 水 물 수
자신의 논에 물을 댄다는 뜻으로, 어떤 일을 할 때 자신에게만 유리하도록 이기적으로 생각하고 행동하는 모습을 이름.

ㅇㅂㅈㅈ
(安分知足)

安 편안할 안, 分 나눌 분, 知 알 지, 足 발 족
편안한 마음으로 자신의 분수를 받아들여 현재 삶에 만족할 줄 앎.

ㅇㅂㅈㄹ
(漁父之利)

漁 고기잡을 어, 父 아비 부, 之 갈 지, 利 날카로울 리
두 사람이 다투고 있는 사이에 제3의 인물이 도리어 이득을 보게 됨을 뜻함.

ㅇㅈㅇㄱ
(言中有骨)

言 말씀 언, 中 가운데 중, 有 있을 유, 骨 뼈 골
말 속에 뼈가 있다는 뜻으로, 겉으로 듣기에는 일상적인 말이지만 그 안에 비판적인 속뜻이 숨어 있음을 뜻함.

ㅇㅈㅅㅈ
(易地思之)

易 바꿀 역, 地 땅 지, 思 생각할 사, 之 갈 지
처지를 바꾸어서 생각해 봄.

ㅇㅎㅁㅅ
(拈華微笑)

拈 집을 염, 花 꽃 화, 微 작을 미, 笑 웃을 소
말로 하지 않고 마음에서 마음으로 전하여 서로 통함.

ㅇㄷㅅㅁ
(龍頭蛇尾)

龍 용 용, 頭 머리 두, 蛇 뱀 사, 尾 꼬리 미
시작은 용의 머리와 같이 거창하나, 마무리는 뱀의 꼬리처럼 보잘 것 없게 됨을 뜻함.

ㅇㅂㅁㅎ
(有備無患)

有 있을 유, 備 갖출 비, 無 없을 무, 患 근심 환
미리 준비가 되어 있으면 뒷일을 걱정할 것이 없음.

ㅈㅇㅈㄷ (自業自得)	自 스스로 자, 業 업 업, 自 스스로 자, 得 얻을 득 스스로 지은 잘못(업보)이 다시 자신에게 돌아감을 뜻함.
ㅈㅈㄱㄱ (戰戰兢兢)	戰 싸울(두려워할) 전, 戰 싸울(두려워할) 전, 兢 삼갈 긍, 兢 삼갈 긍 몹시 두려워서 벌벌 떨며 조심함.
ㅈㅂㅇㅅ (坐不安席)	坐 앉을 좌, 不 아닐 불, 安 편안할 안, 席 자리 석 앉아도 자리가 편안하지 않다는 뜻으로, 마음이 불안하거나 걱정스러워 한군데에 가만히 앉아 있지 못하고 안절부절못하는 모양을 이름.
ㅈㅊㅌㅁ (切磋琢磨)	切 끊을 절, 磋 갈 차, 琢 쪼을 탁, 磨 갈 마 옥이나 돌 따위를 갈고 닦아서 빛을 낸다는 뜻으로, 부지런히 학문과 덕행을 닦음을 이름.
ㅊㅈㅇㅇ (千載一遇)	千 일천 천, 載 실을 재, 一 한 일, 遇 만날 우 천 년에 한 번 만나는 기회라는 뜻으로, 좀처럼 만나기 힘든 어려운 기회를 이름.
ㅌㅅㅈㅅ (他山之石)	他 다를 타, 山 뫼 산, 之 갈 지, 石 돌 석 다른 산의 나쁜 돌이라도 자신의 산의 옥돌을 가는 데에 쓸 수 있다는 뜻으로, 본이 되지 않은 남의 말이나 행동도 자신의 지식과 인격을 수양하는 데에 도움이 될 수 있음을 이름.
ㅎㄱㅌㅌ (換骨奪胎)	換 바꿀 환, 骨 뼈 골, 奪 벗을 탈, 胎 아이밸 태 뼈대를 바꾸어 끼고 태를 바꾸어 쓴다는 뜻으로, 사람이 보다 나은 방향으로 변하여 전혀 딴사람처럼 됨을 이름.

어휘확인

문장의 빈칸에 적절한 낱말을 찾아 쓰세요.

**전전긍긍　천재일우　유비무환　상전벽해　환골탈태
아전인수　절차탁마　어부지리　언중유골　사상누각**

① 두 사람이 싸우는 동안 엉뚱한 제 3자가 오히려 이득을 보는 상황을 표현할 때, (　　　　)라
　는 한자성어를 쓴다.

② 모래 위에 세워진 건물처럼 기초가 튼튼하지 못하여 오래가지 못하는 것을 (　　　　)이라
　고 한다.

③ 몹시 두려워 벌벌 떨며 조심하는 것을 (　　　　)이라고 한다.

④ 천년에 한 번 있는 기회라는 의미로, 매우 만나기 어려운 기회를 일컫는 말을 (　　　　)라
　고 한다.

⑤ 뽕밭이 바다가 되는 것과 같이 어느 날 갑자기 큰 변화가 일어난 것을 (　　　　)라고 한다.

⑥ 자기 논에만 물을 대는 농부와 같이 자신만을 위한 이기적인 행동을 하는 것을 (　　　　)라
　고 한다.

⑦ 말에 뼈가 있다는 의미로, 드러나지 않은 속뜻이 말 안에 숨어 있음을 의미하는 말로
　(　　　　)이 있다.

⑧ 뼈를 바꾸고 모습을 벗어난다는 뜻으로, 매우 큰 변화가 일어난 상황을 (　　　　)라고 한다.

⑨ 학문이나 인격을 꾸준히 갈고 닦음을 의미하는 한자성어로 (　　　　)를 쓴다.

⑩ 준비를 철저히 하면 걱정거리가 없다는 말을 표현하려 할 때, (　　　　)을 쓴다.

타산지석 염화미소 용두사미 사면초가 자업자득
안분지족 좌불안석 역지사지 설왕설래 십시일반

⑪ 사방에 적이 둘러싸고 있어 도움 받을 수가 없는 상황을 (   )라고 한다.

⑫ 시작은 거창했지만 마무리가 보잘 것 없어 끝이 좋지 않음을 의미하는 말로 (   )가 있다.

⑬ 다른 산에 있는 돌이라도 나의 옥을 가는데 도움이 될 수 있다는 뜻으로, 다른 이의 사소한 실수도 나의 수양에는 큰 도움이 될 수 있음을 의미하는 한자성어를 (   )이라고 한다.

⑭ 다른 사람의 처지에서 생각해 볼 필요가 있음을 의미하는 한자성어는 (   )이다.

⑮ 한 숟갈씩 열 숟갈이 모이면 한 그릇의 밥이 된다는 뜻으로 여러 사람이 힘을 모으면 한 사람을 돕기는 어렵지 않음을 나타낼 때, (   )이라는 한자성어를 쓴다.

⑯ 자신의 분수를 알고 이에 만족하며 사는 모습을 나타내는 한자성어로 (   )이 있다.

⑰ 어떤 주제에 대해 서로 논의가 오고가는 상황을 (   )라고 한다.

⑱ 자신의 업보는 자신을 통해 얻어진 것이라는 의미로, 자신이 저지른 일이 다시 자신에게 돌아옴을 의미할 때, (   )이라는 한자성어를 쓴다.

⑲ 마음이 불안하여 자리가 있어도 편히 앉아 있지 못하는 형편을 나타낼 때, (   )이라는 표현을 쓴다.

⑳ 말이 아닌 마음에서 마음으로 전해지는 것을 (   )라고 한다.

어휘활용

♣ 다음 대화의 빈칸에 들어갈 한자성어를 쓰세요.

① 기자 : A국과의 무역협상을 앞두고 (   )가 이어지고 있습니다. 그 의미에 대해 서로
       다른 의견이 쏟아지고 있는 것인데요. 과연 성공적인 협상을 위한 해법은 무엇이 있을지
       전문가를 모시고 얘기 나눠 보겠습니다.

   전문가 : 협상의 목적은 공동의 이익을 추구하는 것입니다. 따라서 자국 입장만 내세우기보다는
        상대의 입장에서 생각해 보는 (   )의 자세가 필요할 것입니다.

♣ 다음 대화의 빈칸에 적절한 낱말을 넣어 보세요.

② 🐻 방학 내내 공부는 안 하고 게임만 열심히 했더니 숙제가 밀려서 이젠 더 이상 버틸 수가 없
     어. 도와줄 사람도 없고 나 혼자 버텨내야 하니 (   )에 처한 느낌이야.

   🐧 그렇게 진작부터 열심히 했어야지. 너의 게으름의 대가가 돌아오는 거니 (   )이다.

♣ 다음 한자성어의 의미를 적어 보세요.

③

     (1) 염화미소

     (2) 어부지리

정답 및 색인

어휘 사전

가망, 가세, 가업, 가장, 각설, 감사, 감응, 개선장군,
거동, 거목, 거주, 검증, 게릴라, 격정, 견제, 경건, 경이,
결함, 계기, 고랑, 고약, 고전, 공동체, 공문서, 공백,
관점, 광명, 광채, 교원, 구속, 구천, 국적, 군림, 관용,
권식, 권태, 궤짝, 급살, 기력, 길쌈

어휘 확인

1. 고랑   2. 길쌈   3. 견제   4. 결함   5. 가장
6. 가세   7. 가망   8. 감응   9. 감사   10. 거동
11. 공동체   12. 계기   13. 구천   14. 국적
15. 기력   16. 검증   17. 경건   18. 군림
19. 교원   20. 경이   21. 공문서   22. 고전
23. 고약   24. 궤짝   25. 권태   26. 거목
27. 관점   28. 각설   29. 관용   30. 가업
31. 광명   32. 게릴라   33. 개선장군
34. 광채   35. 격정   36. 권식   37. 구속
38. 급살   39. 공백   40. 거주

어휘 활용

1. X → 소인   2. X → 패장   3. 군림, 견제
4. 권태, 기력
5. 큰 산을 마주하면 저절로 (경건)한 마음이 들어. /
자연에 대한 (감응) 능력이 뛰어나구나.

Day 2

어휘 사전

날품팔이, 낭패, 넋두리, 노고, 노기, 노적가리,
노천, 논란, 농성, 뇌성, 눈시울, 눈잼, 단매, 단박, 단절,
대강이, 대거리, 덩저리, 도래, 도리, 동리, 동심, 두메,
두엄, 뒤주, 매사, 맥줄, 면두, 명맥, 명분, 무렴, 무상,
무용담, 무심결, 목례, 박탈, 반백, 반출, 발령, 방한용

어휘 확인

1. 노고   2. 무렴   3. 명분   4. 낭패   5. 단절
6. 날품팔이   7. 도리   8. 대강이   9. 노천
10. 노기   11. 동리   12. 눈시울   13. 동심
14. 도래   15. 발령   16. 방한용   17. 대거리
18. 농성   19. 뇌성   20. 논란   21. 넋두리
22. 매사   23. 단박   24. 뒤주   25. 두메
26. 두엄   27. 눈잼   28. 무상   29. 목례
30. 무심결   31. 노적가리   32. 맥줄
33. 덩저리   34. 반백   35. 명맥   36. 단매
37. 무용담   38. 반출   39. 박탈   40. 면두

어휘 활용

1. X → 넋두리   2. X → 인사, 경례
3. 무상, 동심   4. 명분, 도리
5. 부모님과 대화가 (단절)되면 나만 손해야. /
맞아. 부탁할 일이 있는데 말도 못 꺼내면 (낭패)지.

Day 3

어휘 사전

배채, 번뇌, 별개, 병행, 보증, 보퉁이, 복장, 볼기짝,
부당, 부채, 불변성, 불우, 불합리, 비로드, 비통, 비하,
빈사지경, 빙자, 삭정이, 산전, 상, 상머리, 상실감,
생색, 생채기, 서슬, 서식, 선고, 선구자, 선혈, 설비,
설움, 성화, 세태, 소견, 소멸, 소모, 소외감, 소통, 소행

어휘 확인

1. 설비   2. 볼기짝   3. 별개   4. 삭정이
5. 설움   6. 병행   7. 비통   8. 보증   9. 소통
10. 보퉁이   11. 선구자   12. 번뇌   13. 서식
14. 불합리   15. 세태   16. 생채기   17. 성화
18. 소견   19. 소모   20. 소행   21. 부채
22. 산전   23. 불변성   24. 부당   25. 비하
26. 상머리   27. 서슬   28. 선고   29. 선혈

30. 상실감　31. 복장　32. 불우　33. 빙자
34. 배채　35. 비로드　36. 빈사지경
37. 생색　38. 소멸　39. 소외감　40. 상

어. / 그래서 사촌 집에 (신세)를 졌구나.

어휘활용

1. X → 기쁨　2. X → 매국노　3. 소외감, 불합리
4. 번뇌, 성화
5. 그는 (불우)한 어린 시절을 보냈어. /
그래서 그의 죽음이 더욱 비통하게 느껴져.

Day 4

어휘사전

속죄, 수맥, 수작, 순시, 승계, 시범, 시속, 신관,
실마리, 신성성, 신세, 압지, 앙감질, 앙갚음, 앙살,
약조, 양단간, 어귀, 얼김, 얼병이, 여건, 여념, 여파,
역경, 역성, 역정, 연고, 연동, 연마, 연모, 연민, 연상,
열람, 열벙거지, 영욕, 영접, 온반, 온새미, 울섶, 원천

어휘확인

1. 원천　2. 속죄　3. 역성　4. 신성성
5. 영욕　6. 수맥　7. 얼병이　8. 연동　9. 영접
10. 연마　11. 얼김　12. 앙살　13. 신관
14. 신세　15. 실마리　16. 압지　17. 여념
18. 온반　19. 연모　20. 연고　21. 시범
22. 순시　23. 어귀　24. 승계　25. 앙갚음
26. 양단간　27. 시속　28. 여파　29. 역경
30. 약조　31. 연상　32. 수작　33. 역정
34. 앙감질　35. 여건　36. 연민　37. 열람
38. 열벙거지　39. 온새미　40. 울섶

어휘활용

1. X → 근원　2. X → 꽁꽁이　3. 연상, 실마리
4. 역성, 연민
5. 부모님이 돌아가시고 혼자 생활할 (여건)이 안 되었

Day 5

어휘사전

움, 위엄, 유년, 유대감, 유독, 유무, 유지, 유출, 유해,
유희, 육친애, 윤곽, 이기, 이념, 이질감, 이태, 익년, 인
식, 인정, 인조견, 일금, 임종, 자맥질, 자태, 잡역부, 잣
대, 잿물, 저지레, 절충안, 정색, 정월, 제철, 조력, 조롱,
조행, 지게미, 저작, 지경, 지대, 진입로

어휘확인

1. 임종　2. 움　3. 유무　4. 육친애　5. 위엄
6. 조력　7. 조롱　8. 유년　9. 저작
10. 저지레　11. 인식　12. 이태　13. 인조견
14. 윤곽　15. 유희　16. 잿물　17. 자맥질
18. 인정　19. 지대　20. 지게미　21. 절충안
22. 유대감　23. 익년　24. 자태　25. 유출
26. 이질감　27. 정월　28. 제철　29. 일금
30. 잣대　31. 이기　32. 유독　33. 이념
34. 잡역부　35. 유지　36. 정색　37. 진입로
38. 유해　39. 조행　40. 지경

어휘활용

1. X → 전사　2. X → 생각　3. 이질감, 유대감
4. 인정, 정색
5. (이념)이 다르면 합의하기 쉽지 않아. /
그럼에도 국민을 위해 (절충안)을 마련해야지.

Day 6

어휘사전

질색, 질책, 집대성, 참, 창단, 채비, 채취, 천대, 체류,
촉매제, 촉발, 추궁, 추산, 추석치레, 출처, 칠갑, 침해,
타향, 탄식, 태고, 토담, 통용, 통인, 파면, 평판, 포효,

품격, 하층민, 학동, 한정, 한탄, 해소, 허드레옷, 현황, 호의, 홰, 회고, 횡액, 흉물, 힐난

1. 품격 2. 홰 3. 탄식 4. 칠갑 5. 천대
6. 포효 7. 체류 8. 타향 9. 채취 10. 힐난
11. 추궁 12. 창단 13. 하층민 14. 채비
15. 참 16. 촉발 17. 출처 18. 평판
19. 학동 20. 태고 21. 추산 22. 집대성
23. 한정 24. 통용 25. 토담 26. 해소
27. 추석치레 28. 현황 29. 파면 30. 통인
31. 질색 32. 횡액 33. 호의 34. 한탄
35. 촉매제 36. 질책 37. 침해
38. 허드레옷 39. 회고 40. 흉물

1. X → 반색   2. X → 떠올리면, 상상하면
3. 출처, 힐난   4. 평판, 파면
5. 옛날에서 신분이 낮은 사람들을 (천대)했어. /
맞아. 엄연히 인권 (침해)지.

Day 7

간추리다, 개선하다, 거하다, 경치다, 고분거리다,
골몰하다, 곯다, 과시하다, 과하다, 구제하다,
기겁하다, 내로라하다, 노그라지다, 닥뜨리다,
당도하다, 만끽하다, 멈씰하다, 문지르다, 부르켜다,
뻐드러지다, 새다, 신언하다, 시시덕거리다, 야위다,
얼리다, 우회하다, 유발하다, 종사하다, 줴지르다,
천명하다, 추리다, 치빼다, 태태거리다, 푸념하다,
하비다, 해뜩거리다, 향유하다, 홉뜨다, 확충하다,
횡행하다

1. 과시했다 2. 닥뜨리면 3. 곯았다
4. 해뜩거린다 5. 뻐드러져 6. 과하다
7. 기겁해서 8. 시시덕거렸다. 9. 하벼
10. 홉뜨고 11. 간추려서 12. 개선하여
13. 당도하면 14. 만끽하고 15. 경칠
16. 거하며 17. 샜다 18. 신언해야
19. 멈씰하였다 20. 골몰하며 21. 우회하여
22. 유발한다 23. 내로라하는 24. 문지르면
25. 야위어 26. 고분거리지 27. 얼러서
28. 종사해 29. 천명하였다 30. 줴지르고
31. 구제하기 32. 부르켜도록
33. 태태거리며 34. 치빼지 35. 노그라졌다
36. 추려서 37. 푸념하였다 38. 횡행하였다
39. 확충할 40. 향유할

1. X → 자랑하였다.   2. X → 구하는
3. 하비고, 태태거리며   4. 골몰해, 만끽할
5. 지역 행사에 갔더니 (내로라하는) 사람들이 다 모였
더라. / 다들 세를 (과시하기) 위해 온 거야.

Day 8

감때사납다, 겸허하다, 계면쩍다, 고깝다, 고단하다,
고상하다, 고심하다, 곰살궂다, 과년하다, 기박하다,
길쑴하다, 난하다, 냉랭하다, 다분하다, 단조하다,
달갑다, 당돌하다, 매정하다, 멋쩍다, 모질다, 무디다,
무료하다, 무분별하다, 무색하다, 무안하다, 박절하다,
반반하다, 방대하다, 부산하다, 비범하다, 비천하다,
삭막하다, 소보록하다, 심란하다, 실팍하다, 신실하다,
생소하다, 알싸하다, 암팡지다, 야속하다

1. 겸허히 2. 무안한 3. 비천하게 4. 모질게
5. 무디어서 6. 생소하여 7. 감때사납게
8. 암팡지게 9. 박절하게 10. 고상한
11. 길쑴하니 12. 소보록하다 13. 단조한
14. 고까운 15. 멋쩍은 16. 기박한
17. 매정하게 18. 냉랭했다 19. 다분하다
20. 당돌할 21. 계면쩍어 22. 반반해서
23. 비범하여 24. 무분별한 25. 난하다
26. 곰살궂게 27. 달갑게 28. 일싸하다
29. 무색해서 30. 고단했다 31. 고심하였다
32. 방대한 33. 삭막하였다 34. 실팍하다
35. 신실한 36. 부산하였다 37. 무료하지
38. 야속하게 39. 심란하여 40. 과년한

어휘 활용
1. X → 고마운 2. X → 익숙해서
3. 반반하게, 곰살궂게 4. 심란해, 겸허히
5. 갑자기 사람들이 날 칭찬하는 게 (달갑지) 않아 /
(멋쩍어서) 그래.

Day 9

어휘 사전
어리숙하다, 어수선하다, 억실억실하다, 억척스럽다,
역력하다, 영험하다, 용이하다, 원활하다, 유사하다,
유약하다, 육중하다, 을씨년스럽다, 일없다, 쟁그랍다,
적정하다, 절박하다, 조악하다, 좀되다, 진귀하다,
천하다, 청승맞다, 취약하다, 칠칠하다, 탐스럽다,
하릴없다, 해괴하다, 허망하다, 허무하다, 호젓하다,
황망하다, 희붓하다, 가치 지향적, 경멸적, 관습적,
낙관적, 낭만적, 단정적, 독자적, 모멸적, 목가적

어휘 확인
1. 어리숙해 2. 을씨년스럽다 3. 칠칠치

4. 천한 5. 단정적 6. 억실억실한 7. 일없다
8. 독자적 9. 좀되고 10. 조악한 11. 용이한
12. 허무하게 13. 모멸적 14. 진귀한
15. 쟁그랍게 16. 유사하다 17. 억척스럽게
18. 적정한 19. 낭만적 20. 절박한
21. 원활해야 22. 육중한 23. 허망하게
24. 관습적 25. 어수선하게 26. 영험했다
27. 낙관적 28. 청승맞게 29. 황망하게
30. 호젓한 31. 탐스럽게 32. 희붓하게
33. 경멸적 34. 하릴없는 35. 유약해서
36. 가치 지향적 37. 목가적인 38. 해괴한
39. 취약하다 40. 역력했다

어휘 활용
1. X → 촉박하여 2. X → 유약해서
3. 단정적, 낙관적 4. 어수선해, 역력하더군
5. 비가 부슬부슬 내리는 풍경이 참 (낭만적)이야. /
뭐라고? 내가 보기엔 너무 (청승맞아.)

Day 10

어휘 사전
범세계적, 보수적, 보편적, 봉건적, 숙명적, 애상적,
이국적, 이타적, 직설적, 충동적, 치명적, 통속적,
포괄적, 회상적, 걱실걱실히, 곰비임비, 공연히,
넌지시, 대관절, 당최, 도시, 돌연, 비슬비슬, 사뭇,
선연히, 속히, 시방, 아슴푸레, 암만, 애면글면,
애오라지, 애지중지, 월등히, 유독, 입때, 적이, 좋이,
허투루, 홀연히, 휑허케

어휘 확인
1. 보수적 2. 선연히 3. 통속적 4. 애면글면
5. 회상적 6. 당최 7. 곰비임비 8. 속히
9. 포괄적 10. 돌연 11. 보편적 12. 시방
13. 아슴푸레 14. 공연히 15. 범세계적

16. 도시 17. 치명적 18. 사뭇 19. 애상적

20. 숙명적 21. 봉건적 22. 애오라지

23. 직설적 24. 유독 25. 충동적 26. 입때

27. 비슬비슬 28. 휭허케 29. 적이

30. 이타적 31. 이국적 32. 애지중지

33. 넌지시 34. 대관절 35. 암만

36. 허투루 37. 걱실걱실히 38. 홀연히

39. 좋이 40. 월등히

어휘활용

1. X → 특수한, 기이한 2. X → 아득히

3. 보수적, 곰비임비 4. 암만, 적이

5. 이번 일에 (유독) 관심을 쏟는 것 같아. /
무슨 일이든 (허투루) 하지 않는 성격이라서 그래.

Day 11

어휘사전

공유경제, 공정무역, 공정여행, 관계망, 단열재,
대기전력, 데시벨, 모바일페이, 박물학, 백색소음,
백색광, 베타파, 병원균, 빅데이터, 사물인터넷,
사회관계망서비스, 상용화, 생리학, 생체인식,
신재생에너지, 알파파, 에어포켓, 유해물질, 윤리경영,
융합, 이미지마케팅, 인공지능, 인플루언서,
전자폐기물, 착한소비, 체감경제고통지수,
탄소발자국, 트라우마, 학명, 페미니즘,
호모에코노미쿠스, 환경불평등

어휘확인

1. 공유경제 2. 사물인터넷

3. 호모에코노미쿠스 4. 공정여행 5. 관계망

6. 모바일 페이 7. 학명 8. 백색소음

9. 박물학 10. 공정무역

11. 사회관계망서비스 12. 생리학

13. 데시벨 14. 백색광 15. 융합

16. 빅데이터 17. 환경불평등

18. 탄소발자국 19. 대기전력 20. 유해물질

21. 윤리경영 22. 상용화

23. 체감경제고통지수 24. 알파파

25. 병원균 26. 인공지능 27. 전자폐기물

28. 에어포켓 29. 생체인식 30. 착한 소비

31. 단열재 32. 베타파 33. 신재생에너지

34. 이미지마케팅 35. 페미니즘 36. 트라우마

37. 인플루언서

어휘활용

1. X → 무료체험 이벤트 2. X → 독립

3. 공정무역, 착한 소비 4. 페미니즘, 트라우마

5. (인공지능) 로봇이 통역을 해 주면 외국어를 배울 필
요가 없을 것 같아. / (사물인터넷)이 상용화되면 인간
은 할 일이 없지.

Day 12

어휘사전

가부장제, 고령화, 귀환동포, 금융위기, 기성세대,
농번기, 다문화, 대목, 도가, 도지, 물질숭배, 마름,
배재, 서열주의, 소작, 순사, 신작로, 식모아이, 보석,
불고지죄, 비준, 상업주의, 예배당, 외화, 요충지,
월사금, 윤선, 읍내, 이중언어사용, 익명성,
인간성상실, 인민군, 자유연애, 장돌뱅이, 통금,
피란민

어휘확인

1. 고령화 2. 귀환 동포 3. 기성세대

4. 물질숭배 5. 비준 6. 신작로 7. 다문화

8. 순사 9. 소작 10. 월사금 11. 가부장제

12. 금융 위기 13. 도지 14. 외화 15. 마름

16. 피란민 17. 익명성 18. 배재

19. 상업주의 20. 요충지 21. 인간성 상실

22. 식모아이   23. 불고지죄   24. 예배당
25. 읍내   26. 윤선   27. 보석   28. 인민군
29. 자유연애   30. 이중 언어 사용   31. 농번기
32. 서열주의   33. 장돌뱅이   34. 통금
35. 대목   36. 도가

어휘활용

1. X → 이재민   2. X → 저출산
3. 다문화, 이중 언어 사용   4. 통금, 가부장
5. (기성세대)와 세대차이가 느껴지는 가장 큰 이유는
뭘까? / 나이의 많고 적음을 따지는 (서열주의)적 사고
방식 때문인 것 같아.

Day 13

어휘사전

관찰사, 군자, 낙복지, 남인, 대청, 문신, 반회장저고리,
변방, 병자호란, 병조, 봉당, 봉수, 비변사, 사대부,
사랑채, 사족, 설주, 속곳, 실학, 십장생, 아궁이,
아치형, 여래, 유교, 유배, 임진왜란, 윤회, 적서차별,
조형성, 천주교박해, 처마, 토신제, 팝아트, 표석, 호조,
환곡

어휘확인

1. 관찰사   2. 윤회   3. 낙복지   4. 병자호란
5. 병조   6. 비변사   7. 여래   8. 유교   9. 환곡
10. 사대부   11. 문신   12. 사랑채
13. 팝 아트   14. 군자   15. 사족   16. 유배
17. 표석   18. 변방   19. 속곳   20. 십장생
21. 천주교 박해   22. 설주   23. 봉수
24. 임진왜란   25. 봉당   26. 실학
27. 조형성   28. 아궁이   29. 반회장저고리
30. 아치형   31. 토신제   32. 적서차별
33. 처마   34. 남인   35. 대청   36. 호조

어휘활용

1. X → 관찰사   2. X → 신분차별
3. 임진왜란, 병자호란   4. 처마, 대청
5. (실학)을 연구한 사람들은 대체로 출세하지 못한 양
반들이었어. / 맞아. 중앙 정치에서 밀린 (남인)들이 대
체로 실학을 연구했지.

Day 14

어휘사전

결제, 결재, 공복, 포만, 공유, 공감, 발표, 발행, 발언,
표현, 표출, 변질되다, 변형되다, 부르주아,
프롤레타리아, 숙고, 자성, 통찰, 자각, 성찰, 손상,
손해, 완공, 준공, 전답, 채마밭, 지조, 절개, 지지, 지탱,
평가, 감상, 감정, 비평, 판단, 호령, 호소, 호평, 혹평,
회수, 환수

어휘확인

1. 채마밭   2. 전답   3. 프롤레타리아
4. 부르주아   5. 자각   6. 숙고   7. 자성
8. 성찰   9. 통찰   10. 절개   11. 지조
12. 호소   13. 호령   14. 혹평   15. 호평
16. 공복   17. 포만   18. 변형   19. 변질
20. 완공   21. 준공   22. 결재   23. 결제
24. 공감   25. 공유   26. 발행   27. 표출
28. 발표   29. 발언   30. 표현   31. 손해
32. 손상   33. 회수   34. 환수   35. 지탱
36. 지지   37. 감정   38. 감상   39. 비평
40. 판단   41. 평가

어휘활용

1. X → 공감   2. X → 표현   3. 평가, 혹평
4. 지지, 지조
5. 이번 집중호우로 농민들이 큰 피해를 입었다고 (호
소)하고 있습니다. / 이런 경우에 (손해)배상 청구가 가

능한가요?

어휘사전

가르치다, 가리키다, 간간이, 간간히, 낫다, 낳다,
늘리다, 늘이다, 다르다, 틀리다, 띄다, 띠다, 로서,
로써, 맞추다, 맞히다, 매다, 메다, 바라다, 바래다,
바치다, 받치다, 반듯이, 반드시, 부치다, 붙이다,
썩이다, 썩히다, 아니오, 아니요, 어떡해, 어떻게, 왠지,
웬, 이따가, 있다가, 지그시, 지긋이, 출연, 출현

어휘확인

1. 맞혔다   2. 맞춰   3. 어떻게   4. 어떡해
5. 붙여요   6. 부쳤어요   7. 메고   8. 매고
9. 낫지   10. 낳았다   11. 받쳐   12. 바쳐
13. 늘렸다   14. 늘였다   15. 썩이었다
16. 썩히지   17. 출현   18. 출연   19. 로써
20. 로서   21. 간간히   22. 간간이
23. 아니오   24. 아니요   25. 이따가
26. 있다가   27. 지그시   28. 지긋이
29. 띠고   30. 띈다   31. 바랬다   32. 바라다
33. 반듯이   34. 반드시   35. 틀렸다
36. 다르다   37. 가르친다   38. 가리켰다
39. 웬   40. 왠지

어휘활용

1. X → 바치고   2. X → 썩이는   3. 띄게, 로서
4. 맞춰, 틀렸을
5. 이번엔 (반드시) 시험에 합격하고 말 거야. /
지난 번과는 태도가 완전히 (다르구나.)

어휘사전

시, 형상화, 서정시, 서사시, 산문시, 정형시, 자유시,
시어, 추상적, 함축성, 다의성, 표면적, 내포적, 화자,
정서, 어조, 분위기, 시상, 심상, 공감각

어휘확인

1. 시   2. 화자   3. 공감각   4. 심상   5. 산문시
6. 정형시   7. 서정시   8. 서사시   9. 표면적
10. 정서   11. 형상화   12. 추상적   13. 시상
14. 함축성   15. 내포적   16. 어조   17. 시어
18. 자유시   19. 분위기   20. 다의성

어휘활용

1. 물: 죽음, 이별   2. 구름: 방해물, 간신
3. 화자, 분위기   4. 표면적, 함축적
5. 시각적 심상:파아란 물빛, 촉각적 심상: 따뜻한 솜
털, 청각적 심상: 댕그랑 종소리, 공감각적 심상: 붉은
노랫소리

어휘사전

의지적, 체념적, 풍자적, 해학적, 애상적, 반성적,
관념적, 관습적, 우의적, 향토적, 전원적, 운율, 외형률,
내재율, 음보율, 음수율, 의성어, 의태어, 수미상관,
각운

어휘확인

1. 체념적   2. 의태어   3. 외형률   4. 의지적
5. 각운   6. 음수율   7. 향토적   8. 관습적
9. 애상적   10. 관념적   11. 의성어
12. 전원적   13. 우의적   14. 수미상관
15. 음보율   16. 운율   17. 풍자적

18. 해학적   19. 반성적   20. 내재율

어휘활용

1. 전원적   2. 반성적, 애상적   3. 외형률, 음수율
4. 의태어: 울긋불긋, 들썩들썩, 출랑출랑, 기웃기웃,
방긋방긋 등 / 의성어: 멍멍, 꼬꼬댁, 우두둑, 아작아작,
덜컹덜컹 등

Day 18

어휘사전

상징, 비유, 직유법, 은유법, 의인법, 중의법, 반어법,
역설법, 설의법, 대구법, 도치법, 과장법, 반복법,
열거법, 영탄법, 점층법, 고전시가, 현대시, 평시조,
사설시조

어휘확인

1. 직유법   2. 반어법   3. 고전시가   4. 의인법
5. 열거법   6. 사설시조   7. 과장법   8. 비유
9. 중의법   10. 설의법   11. 상징   12. 은유법
13. 대구법   14. 점층법   15. 도치법
16. 현대시   17. 평시조   18. 역설법
19. 영탄법   20. 반복법

어휘활용

1. 의인법, 직유법   2. 고전시가, 현대시
3. 평시조, 사설시조
4. 반복법: 새야 새야 파랑새야, 도치법:그를 보았다,
어제. 설의법:빼앗긴 들에도 봄은 오는가?

Day 19

어휘사전

허구성, 개연성, 서사성, 서술자, 시점,
1인칭주인공시점, 1인칭관찰자시점,

작가관찰자시점, 전지적작가시점, 평면적 구성,
입체적 구성, 액자식 구성, 피카레스크구성,
일대기적 구성, 복선, 고전소설, 신소설, 현대소설,
비현실성, 권선징악

어휘확인

1. 서술자   2. 1인칭관찰자시점   3. 서사성
4. 액자식 구성   5. 권선징악
6. 전지적작가시점   7. 현대소설   8. 입체적 구성
9. 평면적 구성   10. 비현실성
11. 피카레스크구성   12. 고전소설
13. 복선   14. 1인칭 주인공 시점   15. 개연성
16. 신소설   17. 허구성   18. 일대기적 구성
19. 작가관찰자시점   20. 시점

어휘활용

1. 허구성독 또는 비현실성   2. 전지적작가시점
3. 1인칭주인공시점   4. 일대기적 구성

Day 20

어휘사전

신화, 전설, 민담, 한문소설, 국문소설, 판소리계소설,
자전소설, 주동인물, 반동인물, 평면적 인물,
입체적인물, 전형적인물, 개성적인물, 사건, 갈등,
배경, 직접제시, 간접제시, 문어체, 구어체

어휘확인

1. 반동인물   2. 판소리계소설   3. 개성적 인물
4. 간접제시   5. 문어체   6. 갈등
7. 한문소설   8. 전설   9. 입체적 인물   10. 신화
11. 직접제시   12. 배경   13. 평면적 구성
14. 민담   15. 전형적 인물   16. 구어체
17. 자전소설   18. 사건   19. 주동인물
20. 국문소설

1. 전설   2. 판소리계 소설

3. 주동인물, 반동인물

4. 내적갈등, 외적갈등(인물과 인물의 갈등, 인물과 사회의 갈등, 인물과 운명의 갈등, 인물과 자연의 갈등)

Day 21

어휘사전

수필, 개성적, 고백적, 경수필, 중수필, 기행문, 간결체, 만연체, 희곡, 해설, 지문, 대사, 대화, 독백, 방백, 막, 장, 시나리오, 현재진행, 장면, 스토리보드, 효과음

어휘확인

1. 중수필   2. 독백   3. 만연체   4. 간결체

5. 방백   6. 대화   7. 스토리보드   8. 개성적

9. 희곡   10. 수필   11. 효과음   12. 고백적

13. 현재진행   14. 경수필   15. 지문

16. 대사   17. 시나리오   18. 기행문

19. 해설   20. 장면   21. 막   22. 장

어휘활용

1. 중수필   2. 지문   3. 대사

4. 공통점:현재진행, 갈등이 있다, 효과음을 사용 등 / 차이점: 희곡-무대상연, 막과 장 구성, 시나리오-영상 상영, 장면 구성

Day 22

어휘사전

언어의 역사성, 언어의 사회성, 언어의 창조성, 언어의 규칙성, 음운, 분절음운, 자음, 모음, 비분절음운, 음운의 변동, 비음화, 유음화, 구개음화, 음절의 끝소리 규칙, 된소리되기, 탈락, 자음군단순화, 첨가, 축약, 거센소리되기

어휘확인

1. 규칙성   2. 거센소리되기   3. 분절음운

4. 유음화   5. 끝소리 규칙   6. 음운

7. 자음군단순화   8. 역사성

9. 된소리되기   10. 모음   11. 비분절음운

12. 탈락   13. 첨가   14. 자음   15. 구개음화

16. 비음화   17. 변동   18. 창조성   19. 축약

20. 사회성

어휘활용

1. 언어의 역사성   2. 유음화   3. 된소리되기

4. 음절의 끝소리 규칙   5. 탈락   6. 교체

7. 축약   8. 첨가   9. 자음, 모음, 분절, 억양, 비분절

Day 23

어휘사전

음절, 형태소, 단어, 가변어, 불변어, 품사, 체언, 명사, 자립명사, 의존명사, 대명사, 수사, 용언, 활용, 동사, 형용사, 수식언, 관형사, 부사

어휘확인

1. 명사   2. 단어   3. 가변어, 불변어   4. 활용

5. 형용사   6. 수식언   7. 관형사   8. 음절

9. 체언   10. 동사   11. 대명사   12. 부사

13. 용언   14. 수사   15. 자립명사   16. 품사

17. 의존명사   18. 형태소

어휘활용

1. 음절, 형태소, 단어

2. (1) 명사, 대명사 (2) 동사, 관형사

3. 동사(용언), 문장 전체

어휘 사전

관계언, 조사, 독립언, 감탄사, 어근, 접사, 어간,
어말어미, 선어말어미, 단일어, 복합어, 합성어,
파생어, 유의어, 반의어, 상위어, 하위어, 동음이의어,
다의어, 새말

어휘 확인

1. 접사   2. 다의어   3. 조사   4. 하위어
5. 독립언   6. 단일어   7. 유의어   8. 합성어
9. 선어말어미   10. 어간   11. 감탄사
12. 관계언   13. 반의어   14. 어근
15. 어말어미   16. 동음이의어   17. 새말
18. 복합어   19. 상위어   20. 파생어

어휘 활용

1. (1)합성어 (2)파생어 (3)단일어 (4)파생어
2. (1)반의어 (2)유의어 (3)상위어, 하위어 (4)동음이의어
3. 감탄사, 독립성을 갖는 단어

어휘 사전

문장, 주어, 목적어, 보어, 서술어, 관형어, 부사어,
독립어, 구, 절, 홑문장, 겹문장, 안은문장, 이어진문장,
상대높임법, 주체높임법, 객체높임법, 시제, 피동문,
사동문

어휘 확인

1. 피동   2. 시제   3. 안은 문장   4. 부사어
5. 목적어   6. 주체높임법   7. 관형어
8. 홑문장   9. 보어   10. 구   11. 상대높임법
12. 객체높임법   13. 독립어   14. 겹문장
15. 문장   16. 사동   17. 절   18. 주어

19. 이어진문장   20. 서술어

어휘 활용

1. 피동, 사동

2. (1)주어, 부사어, 목적어 (2)부사어, 목적어, 서술어

3. (1) 할머니, 객체높임 (2)부모님, 주체높임

어휘 사전

발화, 담화, 화자, 청자, 맥락, 비언어적 표현,
반언어적 표현, 강연, 토의, 원탁토의, 심포지엄,
패널토의, 토론, 협상, 면담, 사회자, 표준어,
방언(사투리), 매체, 뉴미디어

어휘 확인

1. 화자   2. 담화   3. 패널토의   4. 표준어
5. 원탁토의   6. 토의   7. 비언어적 표현
8. 매체   9. 심포지엄   10 맥락   11. 협상
12. 발화   13. 청자   14. 반언어적 표현   15. 방언
16. 토론   17. 면담   18. 뉴미디어   19. 강연
20. 사회자

어휘 활용

1. (1) 원탁토의 : 토의참가자가 자유로운 분위기에서
원탁에 둘러앉아 토의
(2) 패널토의 : 3, 4명의 배심원이 청중 앞에서 협력적
으로 토의
(3) 심포지엄 : 특정 주제에 대해 전문가들이 청중 앞에
서 의견 발표, 질의, 응답
2. 표준어, 방언(사투리)   3. (1) 매체, (2) 뉴미디어

Day 27

어휘사전

서술, 묘사, 서사, 설명, 논증, 정의, 비교, 대조, 예시, 유추, 분류, 인과, 주장, 근거, 추론, 오류, 퇴고, 설명문, 논설문, 통일성

어휘확인

1. 설명문   2. 묘사   3. 퇴고   4. 추론
5. 논증   6. 분류   7. 근거   8. 유추   9. 서술
10. 통일성   11. 비교   12. 대조   13. 주장
14. 오류   15. 인과   16. 예시   17. 논설문
18. 정의   19. 설명   20. 서사

어휘활용

1. 설명문, 논설문   2. 정의, 예시
3. 성급한 일반화의 오류

Day 28

어휘사전

머리, 눈, 코, 입, 손, 발, 배, 뼈, 경, 골탕, 감투, 뿌리, 뒤, 미역국, 고배, 호박씨, 파김치, 전철, 오지랖, 시치미

어휘확인

1. 경을 치다   2. 손을 잡다   3. 코가 꿰이다
4. 파김치가 되다   5. 미역국을 먹다   6. 시치미
7. 발 벗고 나서다   8. 입   9. 뼈를 깎다
10. 고배를 마시다   11. 뒤가 구리다
12. 전철   13. 골탕을 먹다   14. 눈
15. 감투   16. 머리   17. 뿌리를 뽑다   18. 배
19. 오지랖   20. 호박씨

어휘활용

1. 입   2. 감투, 발   3. 고배, 뼈

Day 29

어휘사전

가렴주구, 간담상조, 견강부회, 결초보은, 경거망동, 계란유골, 고진감래, 근묵자흑, 남가일몽, 노심초사, 다다익선, 대기만성, 대동소이, 동병상련, 동상이몽, 명약관화, 맥수지탄, 목불식정, 문일지십, 부화뇌동

어휘확인

1. 동병상련   2. 견강부회   3. 남가일몽
4. 부화뇌동   5. 대동소이   6. 경거망동
7. 고진감래   8. 맥수지탄   9. 결초보은
10. 다다익선   11. 문일지십   12. 간담상조
13. 노심초사   14. 가렴주구   15. 동상이몽
16. 계란유골   17. 대기만성   18. 명약관화
19. 근묵자흑   20. 목불식정

어휘활용

1. 가렴주구, 동병상련   2. 맥수지탄, 남가일몽
3. 결초보은: 죽어서라도 은혜를 갚음,
노심초사: 마음으로 고심하며 애를 태움.

Day 30

어휘사전

사면초가, 사상누각, 상전벽해, 설왕설래, 십시일반, 아전인수, 안분지족, 어부지리, 언중유골, 역지사지, 염화미소, 용두사미, 유비무환, 자업자득, 전전긍긍, 좌불안석, 절차탁마, 천재일우, 타산지석, 환골탈태

어휘확인

1. 어부지리   2. 사상누각   3. 전전긍긍

4. 천재일우   5. 상전벽해   6. 아전인수

7. 언중유골   8. 환골탈태   9. 절차탁마

10. 유비무환   11. 사면초가   12. 용두사미

13. 타산지석   14. 역지사지   15. 십시일반

16. 안분지족   17. 설왕설래   18. 자업자득

19. 좌불안석   20. 염화미소

어휘활용

1. 설왕설래, 역지사지   2. 사면초가, 자업자득

3. (1) 염화미소: 석가모니가 설법을 하며 연꽃을 들자 많은 청중 가운데 제자 가섭만이 그 뜻을 알고 미소를 지었다는 옛 이야기에서 유래된 한자성어로 마음과 마음이 통하는 것을 의미함.

(2) 어부지리: 황새와 조개가 서로 잡고 잡히는 갈등 상황에 있을 때, 주변을 지나가던 어부가 그 틈을 노려 둘 다 잡아갔다는 옛이야기에서 유래된 한자성어로 제 삼자가 큰 노력 없이 이득을 취할 때 쓰임.

색인

중**학생**이 꼭 기**억해야** 할

국어어휘 890

초판 1쇄 발행 2020년 5월 11일
초판 3쇄 발행 2023년 6월 20일

지은이 강승임, 이서영
펴낸이 임정은
디자인 Wonderland
인 쇄 조일문화인쇄

펴낸곳 (주)SJ소울
등 록 제2016-000071호(2008.10.29)
주 소 서울 송파구 충민로66 가든파이브 테크노관 T9031호
전 화 0505-489-3167 / 02-6287-0473
팩 스 0505-489-3168
이메일 starina75@naver.com
ISBN 978-89-94199-67-2 53710